Margot Ducancel alias

Rouge aux lèvres

Kit de survie du *wine lover*

illustrations:
Virginie Cochet

Sommaire

03 Faites vos valises 94

SAC À (Belles) QUILLES

Qui suis-je ?

Si tu lis ces lignes, c'est que tu aimes déjà le vin (ou en tout cas, que tu commences vraiment à l'apprécier) et que tu as sans doute envie d'en savoir plus : comment parler du vin, reconnaître ses arômes, le choisir sans se sentir paumé, ou tout simplement découvrir le monde du vin avec un autre regard, le mien.

Je suis Margot Ducancel, plus connue sous le nom de *Rouge aux Lèvres*, le nom aussi d'un club de dégustation et d'une agence que j'ai fondé en 2018. Venant d'un petit village de Picardie, loin du monde viticole, ma première passion était l'art, et spécifiquement son marché. Après un diplôme d'experte en biens culturels, je réalise un stage qui changera à jamais ma carrière : au département vin de la célèbre maison parisienne Artcurial.

Le vin était alors pour moi un univers tellement complexe et poussiéreux que je me suis mise à l'étudier. J'ai surtout sillonné les vignobles français pour mieux le comprendre. Une passion est née. Une passion si forte que j'ai fondé *Rouge aux Lèvres* pour la partager, après une première carrière dans la presse et dans de grands groupes de vin.

Aujourd'hui, *Rouge aux Lèvres* est à la fois une agence d'évènementiel œnologique pour entreprise, mais surtout un club parisien réservée aux femmes (plus de 450 membres) qui souhaitent en savoir plus sur le vin, mais avec un autre langage, une autre manière de l'aborder, plus simple et surtout plus décontractée !

Pour me faire connaître, Instagram a été déterminant ! En 3 ans, je suis devenue la première influenceuse vin en France. Ça me fait bien marrer, surtout quand on sait le travail que cela représente !
Ma communauté de presque 40 000 *followers* peut suivre mes pérégrinations dans les vignobles, mes derniers coups de cœur et participer aux évènements que j'anime toujours avec mon fidèle rouge à lèvres et souvent un béret sous le coude !

L'aboutissement de ce livre est pour moi un signe que le monde du vin change, évolue avec son temps et accepte de nouveaux profils plus « ovnis » comme le mien. Il m'a permis de pouvoir décrire les origines du vin, ses histoires, sa fabrication, ou plutôt ses fabrications, ses régions, ses « *stars* » ou du moins mes vignerons chouchous et surtout les bases de la dégustation et du plaisir œnologique, avec tous les *tips* et astuces du quotidien que j'ai pu apprendre ! Un livre sans fioritures, ni « gros mots » complexes ou alambiqués, qui t'offre juste du plaisir à lire, et à relire ! Un ouvrage qui se veut léger et gai, à l'image de ce que je suis et de l'univers *Rouge aux Lèvres* !

Belle lecture !

Retrouvez-moi sur Instagram : @rougeauxlevres
et sur www.club.rougeauxlevres.com

Margot Ducancel

01

Le vin, c'est quoi ?

Les origines du vin

6 000 avant J.-C.

ET LE VIN FUT!

Vieux comme le monde ou presque, le vin fait son apparition dès le sixième millénaire avant notre ère! Preuve à l'appui, des vestiges de pépins et de jarres ont été trouvés en Géorgie, le berceau du vin.

Le saviez-vous?

Le plus vieux chai du monde se trouve en Arménie, voisine de la Géorgie, dans la grotte d'Areni-1 à Vayots Dzor. Comme quoi, on n'a pas tant innové que cela depuis!

Antiquité

LE DI-VIN DES GRECS

Bons vivants, les Grecs vénèrent tant le vin qu'ils lui dédient la figure divine de Dionysos, une véritable star affichée sur les vases antiques! Servi lors de grands banquets, il est *fashion* à l'époque d'ajouter au vin des épices ou de le couper à l'eau: un *must* que l'on boycotte aujourd'hui! Baroudeurs dans l'âme, les Grecs amènent toujours dans leurs bagages de quoi semer des vignes et participent ainsi au développement du vignoble méditerranéen, et tout particulièrement italien. *Salute!*

Empire romain

LES *BUSINESSMEN*

Les Romains prennent la relève des Grecs et mettent beaucoup de cœur à l'ouvrage pour booster la viticulture et créer des infrastructures toutes nouvelles pour améliorer la qualité. *Businessmen* par nature, ils mettent aussi en place des systèmes de commercialisation des vins ultra sophistiqués dans l'Europe entière. Ils ont aussi compris que certains crus étaient meilleurs et commencent à bosser les premiers systèmes de classement des vins. Ils sont tout particulièrement fous des délicieux et prestigieux crus de Sorrente et de Falerne, qu'ils conseillent de faire vieillir quinze ans avant dégustation!

Moyen Âge

LES PRÊCHEURS DU VIN

Au Moyen Âge, c'est l'Église qui dit la messe du vin. À cette époque, les moines produisent le vin au sein de leurs monastères et abbayes. C'est à eux et à leur viticulture de qualité que l'on doit le célébrissime Clos de Vougeot, devenu un véritable modèle de start-up en Bourgogne. Mais le pape lui-même peut aussi jouer un rôle. C'est le cas au XIVe siècle avec Jean XXII, qui plante le vignoble de Châteauneuf-du-Pape, pour sa conso personnelle et pour la papauté. Amen!

XVIIe siècle

L'EXPLOSION DU CHAMPAGNE!

Longtemps tranquille, le vin de Champagne devient pétillant grâce aux Anglais, qui décident d'ajouter du sucre dans les vins venus de France… La double fermentation est inventée. C'est ultra tendance à l'époque et le gratin en raffole! Nouvelle star, le champagne inonde les tables les plus branchées, notamment celles des rois, et devient synonyme de plaisir, de fête et de luxe. Il faudra quand même deux siècles pour dompter ces bulles et éviter les accidents de transport. Merci au passage au moine Dom Pérignon, qui n'invente pas le champagne certes, mais améliore significativement le processus de fabrication, et surtout la qualité d'approvisionnement. Aujourd'hui domestiqué, le champagne est encore et toujours indétrônable.

XIXe siècle

PHYLLOXÉRA: PANIQUE À BORD!

À petit puceron, maxi dégâts! Ce ravageur de vignes a causé au XIXe siècle une dévastation presque irréversible des vignobles européens. La France perd 675 000 hectares de vignes, un véritable carnage! Cette peste viticole prend fin avec la découverte par Jules Émile Planchon du système de porte-greffes américains, aux racines immunisées contre le puceron, sur lesquels on vient greffer les vignes européennes. Ouf! Aujourd'hui encore, l'ensemble du vignoble français, et plus largement européen, est donc de souche américaine avec des cépages locaux…

XXe siècle

LE BOOM DES AOC

Après ces mésaventures phylloxériques, les années 1930 marquent un véritable tournant dans l'histoire du vin en France. C'est à cette époque que le passionné baron Le Roy de Boiseaumarié, vigneron à Châteauneuf-du-Pape, impulse la création des premières appellations d'origine contrôlées (AOC), créées en 1936. Au top des AOC: châteauneuf-du-pape, arbois, cognac et monbazillac (et même pas de Bordelais et de Bourgogne?!). Aujourd'hui, on en compte quelque 375 en France!

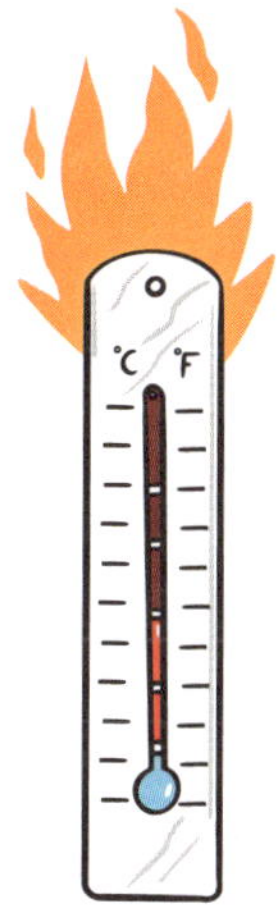

XXIe siècle

VIN ET CHANGEMENT CLIMATIQUE: LE CHALLENGE!

Le réchauffement climatique est LE challenge du XXIe siècle pour la vigne. Des cépages oubliés font leur *come back*, de nouvelles variétés débarquent et de nouveaux vignobles émergent en altitude pour plus de fraîcheur. Tout cela vient changer la physionomie des vignobles à l'échelle mondiale, affaire à suivre…

Les stars du vin

Quand le vin bascule dans une nouvelle ère
grâce à ces quatre personnalités hautes en couleur !

La Veuve Clicquot, la serial entrepreneuse

La jeune rémoise Barbe-Nicole Ponsardin (1777-1866) a seulement 27 ans quand meurt son mari, monsieur Clicquot, en 1805. Au XIXe siècle, la tradition aurait voulu qu'elle se remarie vite fait pour que son nouvel époux s'occupe de la maison de Champagne dont elle a hérité, fondée en 1772 par son beau-père Philippe Clicquot. Que nenni ! C'est elle qui va *driver* le *business* et en faire l'une des marques champenoises les plus stylées au monde ! Elle a l'idée de génie de monter un vignoble en propre de plus de 200 hectares (près de 400 hectares aujourd'hui) sur les terroirs les plus *hype* de la Champagne. Véritable *geek* de la qualité, la « Grande Dame du champagne » a en outre créé la table de remuage, une technique ultra efficace pour cleaner les sédiments morts restés dans la bouteille (voir encadré). « Marketeuse » avant l'heure, c'est à elle aussi que l'on doit la célèbre étiquette jaune connue dans le monde entier. Cette femme d'affaires accomplie aura impulsé un essor considérable à la maison, propriété de LVMH depuis 1987.

Gros mot du vin : le remuage

Procédé qui permet, lors du vieillissement du champagne en cave, de faire tomber vers le goulot les dépôts de levures mortes en faisant tourner progressivement la bouteille grâce au fameux pupitre de remuage créé par madame Clicquot ; dépôts qui seront ensuite éliminés lors du dégorgement (voir Comment faire un effervescent). Un mouvement imprimé pendant des siècles par des cavistes-remueurs, aujourd'hui remplacés le plus souvent par des machines, appelées « gyropalettes ».

Louis Pasteur, maître Yoda

Jésus a transformé l'eau en vin. Hum… Ce qui est certain, c'est que la fermentation transforme le jus de raisin en vin. Mais en découvrant son processus scientifique, Louis Pasteur (1822-1895) a plié le *game* ! Avant ses travaux, aucun vigneron ne savait maîtriser avec précision le mystère de la fermentation. À l'époque, cela tournait souvent… au vinaigre ! Napoléon III lui commande une étude sur les maladies du vin. Grâce au célèbre scientifique natif du Jura – c'est à Arbois qu'il entreprend ses premières expériences sur le vin –, on sait maintenant comment combattre les mauvais ferments découverts par le savant et éviter qu'ils se multiplient dans le vin et lui donnent « le goût de vieux » : c'est la pasteurisation (stérilisation par la chaleur). *Well done !*

Baron Philippe de Rothschild, le baron rebelle

Quand il reprend en 1922 le Château Mouton Rothschild acquis par la famille en 1853, le jeune baron Philippe (1902-1988) ne compte pas jouer les aristos oisifs et attendre qu'on fasse le vin pour lui. Il ne fait rien comme les autres et met en place la mise en bouteille au château de toute la production et fait construite le célèbre « grand chai ». C'est qu'il veut contrôler la qualité ! À l'époque, les proprios laissent l'élevage, l'embouteillage et l'étiquetage aux marchands de vin, parfois pas super honnêtes… Hors de question pour Philippe de Rothschild, qui veut faire un grand vin. Pari gagné : dès les années 1930, les vins de Mouton font partie des meilleurs, alors que le château ne fait pas (encore) partie des Premiers Grands Crus de 1855 (voir encadré). Pour rendre Mouton Rothschild encore plus *trendy*, il demande à de grands artistes comme Dalí, Miró, Chagall, Picasso, César ou encore Warhol de réaliser une étiquette originale pour chaque millésime, bousculant encore une fois les « codes » bordelais et créant le *buzz* !

Classement de 1855 : *up and down*

Ultra connu encore aujourd'hui, ce classement vient de Napoléon III qui demanda pour l'exposition universelle de 1855 aux courtiers de Bordeaux de dresser la liste des top vins selon la notoriété des crus et des prix de vente.
On y retrouve uniquement les vins rouges du Médoc, les liquoreux de Sauternes et de Barsac et, exception, un unique cru rouge des Graves (Haut Brion). Sa particularité ? Il n'a jamais changé, sauf pour… Mouton Rothschild, qui passe de 2e à 1er Grand Cru Classé en 1973 : le décret fut signé par le ministre de l'Agriculture de l'époque, un certain Jacque Chirac.

Henri Jayer, le vigneron iconique

En avance sur son temps, le vigneron bourguignon de Vosne-Romanée Henri Jayer (1922-2006) était convaincu que pour faire un grand vin le travail devait commencer dans le vignoble et non lors de la vinification en cave. *Green* avant les autres, Il était opposé à l'usage abusif de substances chimiques dans les vignes, a défendu le labour contre les mauvaises herbes et avait compris que la qualité rime avec de faibles rendements. Ne faisant rien comme les autres, il ne filtrait pas ses vins et éraflait le raisin. Et il avait raison ! Une véritable icône pour la grande pureté de ses pinots noirs, notamment son Cros-Parantoux (vosne-romanée 1er cru), dont la cave personnelle (1 064 bouteilles et magnums) fut vendue aux enchères en 2018 à Genève pour la modique somme de… 30 millions d'euros !!!

Les stars du vin

Quatre personnalités, quatre talents
qui ont su transformer profondément le monde du vin !

Robert Parker, l'influenceur

Ancien avocat, cet Américain est devenu le plus célèbre critique de vin avec sa revue *The Wine Advocate.* Tout a démarré à 21 ans, quand il commande dans un resto en Alsace un verre de vin car le coca était trop cher : un choc ! Il devient un vrai *geek* et note jusqu'à 10 0000 vins par an, avec un système de notation unique sur 100. Il devient super populaire pour avoir fait redécouvrir les grands vins de Bordeaux. Son influence est tellement puissante que les rares vins notés 100/100 sont devenus mythiques et super rares. On parle alors de « parkérisation » pour certains vins, élaborés pour lui plaire avec des styles super bodybuildés, boisés et concentrés. Après 30 ans de carrière, il prend sa retraite en 2019 et vend *The Wine Advocate* à un groupe singapourien.

The nose

L'odorat est bien le premier outil du dégustateur et Robert Parker a fait assurer son nez pour… 1 million de dollars !

Carole P. Meredith, doc ADN

Carole Meredith est une chercheuse américaine qui a consacré une partie de sa carrière à établir la carte du génome de la vigne. C'est une *BIG* révolution ! Dans les années 1990, Meredith et son équipe sont alors les spécialistes mondiaux de l'identification génétique des cépages et découvrent les origines de plusieurs cépages hyper utilisés, comme le cabernet-sauvignon, le chardonnay ou la syrah. Ses recherches ont aussi permis de préserver les variétés et ont joué un rôle dans la création de cépages résistants aux maladies.

Gros mot du vin : l'ampélographie

Oui, c'est possible : on peut devenir un *geek* des cépages et passer sa vie à les étudier ! Cela s'appelle l'ampélographie ; croyez-moi, c'est super passionnant !

Jancis Robinson, The lady of Wine

Auteur de best-sellers sur le vin, blogueuse influente, première *Master of Wine* non professionnelle, Jancis Mary Robinson est une critique britannique de vin mondialement connue. Elle est l'auteure ou coauteure d'ouvrages majeurs tels que l'*Oxford Companion to Wine* ou *L'Atlas Mondial du vin,* avec Hugh Johnson, qui est *THE* référence pour les passionnés. Elle tient une rubrique vin pour le *Financial Times,* et son site Internet JancisRobinson.com est une mine d'informations et de découvertes ! Elle est aussi conseillère officielle de la cave de la reine Elizabeth II d'Angleterre, stylée, *isn't it ?*

C'est qui le *boss* ?

Le *Master of Wine* est la plus haute distinction en matière de connaissances du vin ! Cet examen est extrêmement difficile et comporte très peu d'élus. En 2021, on en compte 418, dont seulement 18 en France ! Bah alors, y sont où les *Frenchies* ?

Lydia et Claude Bourguignon, The green couple

Lydia et Claude Bourguignon sont un couple d'ingénieurs agronomes qui connaissent tout (ou presque) des sols. Ils explorent, carottent, analysent les plus grands terroirs de la planète ! Ils cherchent aussi des vers de terre ! Eh oui, la présence de cette petite bête est le signe d'un sol vivant ! En 1990, lors d'une conférence, Claude Bourguignon fait une déclaration plus choc que chic devant un auditoire de pro : *« Le sol du Sahara est plus vivant que le sol de vignes de Bourgogne »,* affirme-t-il. *Green,* ils sont contre l'utilisation des pesticides et des engrais chimiques qui dénaturent les sols. Leur laboratoire d'analyses microbiologiques des sols (le Lams) donne des conseils agronomiques à des domaines viticoles, dont de très prestigieux.

Tout savoir sur le raisin

La baie : une perle savoureuse

Que se cache-t-il derrière cette petite bille ?
On lui prétend tant de bénéfices au corps et à l'esprit…
Ça mérite bien un petit zoom sur son anatomie !

La rafle

Véritable soutien pour la baie, la rafle est cette petite partie de tige qui relie la baie au reste de la grappe. Très riche en tanins durs, cette substance musclée du vin est parfois retirée par les vignerons pour éviter des vins trop astringents.

La pulpe

Bien juteuse, elle est composée d'eau, de sucres et d'acides qui vont déterminer la qualité du vin.

Les pépins

Petits mais très utiles, ils viennent bodybuilder le vin avec leurs jolis tanins, lui donner sa structure et son potentiel de vieillissement. Mais leurs propriétés ne s'arrêtent pas là. Ils sont également de véritables stars en cosmétique puisqu'ils renferment des molécules aux effets anti-âge !

La pellicule

Sans elle, le vin ne verrait pas la vie en couleur ! Contenant arômes, tanins et pigments, cette fine couche protège l'intérieur de la baie, avec son jus délicieux. Elle mène également une double vie, puisque après avoir donné sa teinte et ses saveurs au vin, elle peut se recycler en… chaussures ! Eh oui, c'est l'avenir !

Arbre généalogique de la vigne

Si elle semble parfois sage et bien rangée,
la vigne reste une liane indomptable,
provenant de la famille des vitacées.

Parmi tous ses cousins, ce sont le genre *Vitis* et son sous-genre *Euvitis* qui nous intéressent pour la production de vins. Lui-même divisé en branches (européenne, américaine et asiatique), c'est sa branche européenne avec la fameuse *Vitis vinifera* qui brille pour la production de vins de qualité. C'est d'elle que proviennent tous les top cépages : cabernet franc, cabernet-sauvignon, chardonnay, gewurztraminer, malbec, merlot, pinot noir, riesling, sauvignon, syrah...

Calendrier du vigneron

Pour en tirer le meilleur, la vigne impose son calendrier de ministre au vigneron. Alors à vos agendas !

Janvier / février

À VOS SÉCATEURS, PRÊTS ? PARTEZ !

Janvier marque le début d'un travail titanesque à la vigne : la taille ! Incontournable, c'est cette dernière qui détermine les futurs rendements. Autant dire qu'il ne faut pas se louper ! En fonction du nombre d'hectares, elle peut s'étaler jusqu'en mars.

Mars

L'HEURE DE LABOURER A SONNÉ !

À cette période, le vigneron attèle son cheval ou enfourche son tracteur pour ramener la terre située autour des pieds de vigne au milieu de l'allée et ainsi assurer l'entretien du sol.

Avril

RELÈVE-TOI D'UN FIL !

En avril, c'est le moment où l'on attache les branches des vignes à un fil de fer qui permet d'en restreindre volontairement son évolution : c'est le palissage. Cette action permet de relever la vigne et de la faire évoluer en hauteur.

Mai

FAIS CE QUI PLAÎT À LA VIGNE !

En mai, le vigneron chouchoute sa vigne à coups de labours et de désherbage pour éviter toute attaque d'oïdium ou de mildiou, les maladies les plus fréquentes qui peuvent détruire la récolte.

Juin

FLOWER POWER

C'est l'heure de la floraison, le *flower power* ! De belles fleurs apparaissent, parfument la vigne et commencent à donner de belles grappes. Un moment super instragrammable !

Juillet / août

DANS LES *STARTING BLOCKS* !
L'été, pas de repos pour les guerriers ! C'est la préparation des vendanges. On s'assure qu'il n'y a pas de maladies, on entretient les vignes et on élimine certaines grappes pour améliorer la qualité de celles restantes, ce sont les « vendanges vertes » (ou « en vert »).

Septembre

GO ! GO ! GO !
C'est LE moment de l'année ! L'aboutissement d'un an de travail à la vigne. Les vendanges commencent une fois que le raisin a atteint sa maturité, généralement en milieu de mois, mais cela varie selon le type de cépage, de terroir, de climat — le réchauffement climatique ayant en outre tendance à impacter de plus en plus la date des vendanges. Une période tourmentée, mais *so exciting* !

Octobre

RENDS-TOI AU CHAI
Le vigneron est au chai pour les vinifications — ou « vinif » pour les habitués. Le vin est pressé (ou pas) et placé dans les cuves pour fermenter. C'est un moment crucial. Les choix faits à ce moment ont un impact décisif sur le futur vin.

Novembre / décembre

ON SE PRÉPARE POUR L'HIVER
À l'aube de Noël, quand le froid arrive, les vignerons préparent leurs vignes pour l'hiver et les réchauffent en recouvrant les pieds de terre. Puis rebelote en janvier pour la taille...

Raisin de cuve *vs* raisins de table

Pourquoi différencier les deux ? Parce que pour la production d'un bon vin, le raisin doit être doté d'une belle acidité et d'une peau épaisse résistante au transport et aux manipulations, tandis que pour les raisins que l'on consomme frais, on cherche une peau moins épaisse, plus de pulpe et un degré faible d'acidité. CQFD ! L'exception qui confirme la règle ? Certains cépages ont les deux casquettes, comme le chasselas ou certaines variétés de muscat.

Mes cépages chouchous

Cépages blancs

Il existe quelque 10 000 cépages dans le monde, dont 250 autorisés en France. Les blancs ont une peau claire, allant du jaune-vert au jaune doré, et ne produisent que des vins... blancs. Voici mes huit variétés préférées.

Le chardonnay, LE MAGICIEN

SES QG

Originaire du village de... Chardonnay, en Bourgogne, un cépage au top dans sa région natale, de Chablis au Mâconnais, en passant par la côte de Beaune et la Côte chalonnaise. De belles expressions également en Champagne, dans le Jura, le Beaujolais et, dans une version plus riche et aromatique, dans le Languedoc et aussi à travers le monde (Californie, Chili, Argentine...). Bref, l'un de nos meilleurs cépages, très adaptable pour révéler les différents terroirs.

SON PROFIL

Frais et très aromatique (fleurs blanches, pointe d'agrumes, pomme, poire) dans sa version jeune et sans bois. Il aime aussi le fût qui le rend plus gras, plus beurré, toasté, brioché, avec des notes d'amande, de noisette. Effet waouh assuré !

Le chenin, LE RAFFINÉ

SES QG

Au cœur de la Loire, en Touraine (vouvray, montlouis...), et en Anjou (savennières, coteaux-du-layon, bonnezeaux...). On le retrouve aussi en version pétillante à Limoux pour sa fameuse blanquette. Il a aussi traversé les océans pour se retrouver en Afrique du Sud, un de ses terroirs de prédilection, en Australie, en Californie, en Nouvelle-Zélande et en Amérique du Sud. Très polyvalent, il produit des vins d'une qualité inouïe aussi bien en sec (savennières) qu'en liquoreux (quarts-de-chaume) et en effervescent (vouvray).

SON PROFIL

Un voyage au pays de la délicatesse avec des arômes de miel, d'acacia, de tilleul, d'abricot, de coing ou de poire. Un tourbillon savoureux, frais et tout en finesse !

Le sauvignon blanc, LE GLOBE-TROTTEUR

SES QG

Cap à l'ouest et la Loire avec de beaux 100 % sauvignon comme en AOC sancerre ou pouilly-fumé. On le trouve aussi en sec dans le Bordelais dans la belle appellation pessac-léognan, assemblé à son compagnon le plus cher, le sémillon. Même assemblage mais en version liquoreux en sauternes, barsac, monbazillac... Cépage très adaptable, on le trouve ailleurs en France et un peu partout dans le monde (Australie, Californie, Afrique du Sud, Italie, Espagne, Portugal...), mais c'est en Nouvelle-Zélande qu'il excelle. Un vrai baroudeur qui s'exprime aussi bien en sec qu'en liquoreux.

SON PROFIL

Très vif, très expressif, voire exubérant, il envahit nos narines de ses arômes de buis, de bourgeon de cassis, d'agrumes, de fruits exotiques de fruits blancs. En liquoreux, il apporte une belle touche de fraîcheur au gras du sémillon.

Le riesling, LE CAMÉLÉON

SES QG

Natif de la vallée du Rhin en Allemagne, il excelle chez nous en Alsace, où il représente 20 % du vignoble et produit parmi les meilleurs grands crus de la région, séduisant aussi bien en vin sec qu'en doux (sélection de grains nobles, vendanges tardives). On le retrouve avec beaucoup d'élégance chez nos voisins allemands, en sec ou en doux, avec aussi une version « de glace » (*Eiswein*) née de raisins gelés.

SON PROFIL

Ce vrai caméléon donne des expressions différentes en fonction des terroirs. En sec, il ravit par son tranchant en bouche. Au nez, il offre des notes florales comme le tilleul, d'agrumes, mais aussi des notes minérales, miellées ou épicées. Il peut aussi développer des touches de pétrole avec l'âge.

Le viognier, L'ONCTUEUX

SES QG

La vallée du Rhône et ses coteaux ensoleillés avec l'AOC condrieu notamment, qui lui a donné ses lettres de noblesse. À l'étranger, on le retrouve entre autres aux États-Unis, en Australie, au Portugal, en Italie.

SON PROFIL

Il plaît par la richesse, l'onctuosité et le fort caractère des vins qui en découlent. Des vins intensément floraux (acacia, aubépine) et fruités (abricot, nectarine), d'une belle capacité de garde, ouverts après quelques années sur des arômes de musc, de pain d'épice et de tabac brun.

La marsanne et la roussanne, LE DUO GAGNANT DU SUD

SES QG

C'est en suivant le son des cigales et en se rendant dans la Drôme qu'on retrouve les racines de ces cépages sudistes souvent associés. Ils s'épanouissent notamment dans les prestigieuses AOC hermitage et saint-péray dans le nord de la vallée du Rhône, mais aussi au sud (côtes-du-rhône, lirac, ventoux...) et dans le Languedoc. La roussanne excelle aussi en Savoie sous le nom de bergeron.

SON PROFIL

Parfaitement adapté aux sols très secs du Sud, ce combo gagnant — richesse, puissance aromatique pour la marsanne, finesse pour la roussanne — donne des arômes de fruits jaunes et blancs, mais aussi de fleurs (chèvrefeuille, iris), de miel et de réglisse.

Le savagnin, L'OR DU JURA

SES QG

Ayant traversé les Alpes autrichiennes du Tyrol, il s'épanouit pleinement dans son berceau, mais aussi en Suisse, en Allemagne et surtout dans le Jura, où il engendre des blancs secs remarquables, dont les fameux vins jaunes, et de jolis vins de paille (liquoreux).

SON PROFIL

Il offre des vins ronds, complexes et de très longue garde (notamment les vins jaunes), avec au nez des notes florales comme l'acacia, fruitées (abricot, coings) et un brin miellées, ainsi que de typiques notes de fruits à coque comme la noix ou l'amande.

Le rolle (ou vermentino), LE MÉDITERRANÉEN

SES QG

Provenance incertaine mais 100 % méditerranéenne à coup sûr pour ce cépage qui brille avant tout en Italie et qui rayonne aussi dans le sud de la France, en Provence, dans le Languedoc-Roussillon, la vallée du Rhône et surtout en Corse (patrimonio, ajaccio, vins-de-corse).

SON PROFIL

Très généreux et méga-aromatique, il offre une explosion d'arômes de pamplemousse, de fruits blancs, de fleurs blanches, d'amande ou encore de fenouil.

Cépages rouges

Les cépages rouges (ou noirs) sont d'une immense variété : plus ou moins colorés, plus ou moins tanniques, plus ou moins aromatiques. Ma sélection de huit cépages qui font le buzz dans le monde du vin !

Le pinot noir, LE JOYAU BOURGUIGNON

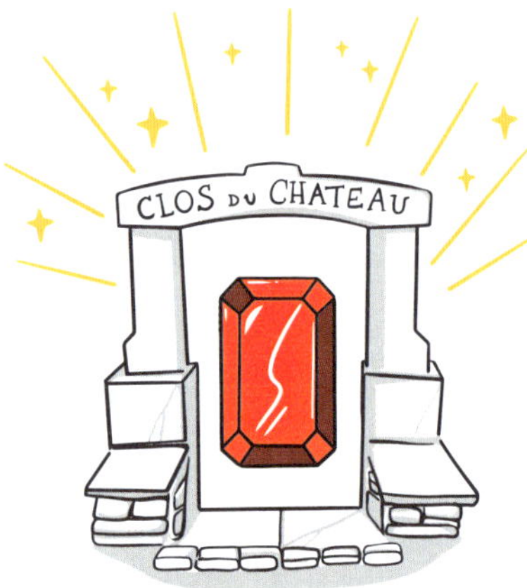

SES QG

La Bourgogne, sans surprise, où ce cépage complexe et exigeant s'épanouit pleinement dans des sols calcaires, donnant des vins à tomber comme les appellations gevrey-chambertin ou pommard. Mais il participe aussi au prestige de la France seul (blanc de noirs) ou en assemblage dans nos magnifiques champagnes. Il s'exprime aussi très bien en Alsace et dans quelques contrées de la Loire. Quittons la France et direction l'Italie, la Nouvelle-Zélande, les États-Unis ou encore la Suisse et l'Argentine pour découvrir d'autres expressions de ce formidable cépage.

SON PROFIL

Un cépage gourmand, un de mes préférés, qui donne des vins très fins, racés et complexes. Un véritable diamant viticole, dont les vins peuvent se garder jusqu'à 30 ans ! Au nez, c'est un feu d'artifice fruité sur la cerise, la mûre, la fraise, la framboise et de délicates notes de pivoine. Plus âgé, il dévoile des arômes de cuir, de sous-bois et de quelques notes animales.

Le cabernet franc, L'INTEMPOREL

SES QG

Ce formidable cépage s'est mis dans les bagages des pèlerins de Saint-Jacques-de-Compostelle et a traversé les Pyrénées espagnoles pour se retrouver dans nos vignobles bordelais et ligériens. Côté Bordelais, on le retrouve souvent, notamment du côté de Saint-Émilion, en assemblage avec le merlot et le cabernet-sauvignon. Dans la vallée de la Loire (où il est appelé « breton »), il domine notamment dans les AOC saumur-champigny, chinon, bourgueil et saint-nicolas-de-bourgueil. Son succès lui a fait traverser les frontières et on le rencontre aujourd'hui dans la plupart des pays producteurs de vin.

SON PROFIL

Ce vrai joker en assemblage, mais aussi très bon en monocépage, séduit par la finesse de ses tanins et de ses arômes fruités (framboise, groseille, cassis) et floraux (violette). Sur certains terroirs, il développe des arômes reconnaissables de poivron ou des notes mentholées et épicées comme à Saint-Émilion. Avec l'âge, il offre de beaux arômes de réglisse ou de tabac. On valide !

Le cabernet-sauvignon et le merlot, LE YIN ET LE YANG DU BORDELAIS

SES QG

Ces natifs du Sud-Ouest ont naturellement trouvé leur bonheur dans le terroir bordelais, où le merlot représente 60 % de la surface plantée. Ils forment l'assemblage phare de la région dans quasiment toutes les appellations bordelaises, que ce soit rive gauche avec de puissants pauillac, saint-julien, saint-estèphe, de voluptueux Margaux, dans les Graves avec de beaux pessac-léognan ou rive droite avec de soyeux pomerol ou saint-émilion. Leur *success story* bordelaise les a poussés à être cultivés ailleurs en France et à franchir les frontières, direction l'Italie, les États-Unis, l'Amérique du Sud ou encore la Chine.

SON PROFIL

Ils se complètent parfaitement, le merlot offrant des tanins soyeux, de la rondeur et du fruité, le cabernet-sauvignon donnant la structure tannique. *Deal !* Côté arômes, le merlot évoque les fruits rouges et noirs (prune, cerise noire, mûre, framboise, fraise), et quelques notes mentholées ou réglissées avec le temps. Côté cabernet : des notes de cassis, de mûre, de violette, puis de musc et de cuir avec l'âge.

La syrah, LA SPICE GIRL

SES QG

Les origines de ce cépage sont peu connues, mais il proviendrait de l'Ardèche. C'est logiquement dans la vallée du Rhône où la syrah s'exprime pleinement, et seule, en AOC cornas, hermitage, crozes-hermitage, saint-joseph, et parfois assemblée à un peu de viognier en côte-rôtie. Elle règne aussi au sud de la vallée, en association avec le grenache le plus souvent, et plus largement dans tout le pourtour méditerranéen (Languedoc-Roussillon, Provence, Corse). On la trouve aussi à l'étranger, notamment en Australie sous le doux nom de « shiraz », ainsi qu'aux États-Unis, en Amérique du Sud, en Afrique du Sud, en Italie.

SON PROFIL

Cette superstar internationale est appréciée pour son côté épicé, poivré mais aussi floral (violette) fruité, un peu cuir, et pour sa capacité à donner d'excellents vins puissants, de garde, avec souvent une touche de fraîcheur (notamment au nord de la vallée du Rhône).

Le grenache, LE SUD EN BOUTEILLE

SES QG

Il nous vient tout droit d'Espagne et a essaimé dans tout le sud de la France, dans le Languedoc-Roussillon, la Provence, la Corse et surtout dans la vallée du Rhône méridionale, où il est le roi, le plus souvent accompagné de la syrah, du carignan, du mourvèdre et d'autres (châteauneuf-du-pape, gigondas, lirac...). Mais on l'aime également pour les superbes vins doux naturels qu'il produit dans le Roussillon (banyuls, maury, rivesaltes). Son succès s'affiche aussi bien dans le reste de l'Europe méditerranéenne qu'en Californie ou en Australie.

SON PROFIL

Ce cépage 100 % gourmand et corsé s'épanouit dans la chaleur et la garrigue, en sec ou en doux. Il donne un rouge puissant, aux arômes de fruits rouges bien mûrs, compotés, et d'épices. En version VDN (vin doux naturel), il offre un bouquet très complexe de cerise à l'eau-de-vie, de cassis, puis de café, de cacao, de tabac avec l'âge.

Malbec, LE HAUT EN COULEUR

SES QG

S'il fait la renommée de l'Argentine aujourd'hui, ce cépage provient du Sud-Ouest français, où il domine logiquement, le plus souvent en assemblage, sauf à Cahors où il s'exprime pleinement ! On le trouve aussi en Touraine sous le nom de côt. En dehors de la France, il a trouvé ses quartiers en Argentine, où il est désormais majoritaire (deux tiers de l'encépagement). Son voisin chilien s'en est aussi emparé, comme d'autres pays du Nouveau Monde.

SON PROFIL

Il promet des vins puissants, tanniques, d'une intensité chromatique incomparable qui ne laisse pas les dents blanches bien longtemps ! Intense en couleur et en bouche, mais aussi au nez avec ses notes d'épices, de fruits séchés, de groseille noire ou encore de prune.

Gamay, LE RAFRAÎCHISSANT

SES QG

Né en Bourgogne, où il fut massivement arraché à la fin du XIVe siècle par le duc de Bourgogne Philippe le Hardi pour ne pas concurrencer le pinot, il s'est installé dans le Beaujolais, où il représente 99 % du vignoble. On lui doit le célèbre beaujolais nouveau mais aussi les excellents crus locaux (juliénas, morgon, brouilly, moulin-à-vent, saint-amour...). Il s'épanouit aussi dans la Loire, où il a notamment donné son nom à l'appellation anjou-gamay. Sa patrie est clairement la France, peu de pays étrangers le cultivant. Un vrai patriote !

SON PROFIL

Avec sa belle acidité, il promet un bon moment de fraîcheur en bouche. On l'aime aussi pour son expressivité, sur les fruits rouges et noirs et parfois pour ses notes animales et de sous-bois. Avec un peu de bouteille, il offre de belles notes d'épices et de prune. À jamais, on aime le gamay !

Quelques cépages anciens et oubliés

L'auxerrois

Originaire de Lorraine, ce cépage blanc se cache dans certains assemblages alsaciens et lorrains.

SES ATOUTS

Une acidité modérée et des arômes exotiques. Parfait à l'apéro.

Le petit verdot

On trouve souvent dans les assemblages bordelais une petite dose de ce cépage rouge qui viendrait des Pyrénées. On trouve aussi de rares cuvées 100 % petit verdot

SES ATOUTS

Un côté tannique et épicé.

Le tibouren

Ce cépage rouge introduit par les Romains, devenu 100 % provençal, se fait assez discret mais entre dans certains assemblages de vins rouges et rosés de la région.

SES ATOUTS

Fruité, générosité en alcool et petite touche épicée.

Le césar

Ce cousin du pinot noir bourguignon, aujourd'hui très rare, excelle à Irancy où il peut représenter jusqu'à 10 % de l'assemblage.

SES ATOUTS

Son profil tannique et colorant.

Le romorantin

Ce cépage blanc, qui aurait été introduit par François Ier dans sa vallée de la Loire chérie, s'exprime à 100 % dans l'appellation cour-cheverny.

SES ATOUTS

Un beau bouquet d'arômes soutenu par une intense trame acide.

Le persan

Ce cépage rouge autrefois très connu en Savoie est tombé aux oubliettes en raison de sa fragilité. Il réapparaît de nos jours, parfois en solo et souvent assemblé à un autre cépage 100 % savoyard : la mondeuse.

SES ATOUTS

Des vins riches en couleurs et en arômes comme la violette ou la framboise.

Le petit meslier

On connaît ses camarades pinot noir, meunier et chardonnay pour la production de champagne, mais on oublie souvent que 7 cépages sont autorisés dans la région, dont le discret petit meslier.

SES ATOUTS

Sa vivacité qui donne du pep's aux assemblages (on le trouve parfois vinifié seul).

Le terret

Originaire du Languedoc, ce vrai sudiste existe en noir, blanc et gris. S'il a autrefois connu du succès, il a ensuite été oublié pour resurgir (un peu) de nos jours.

SES ATOUTS

Sa robustesse et sa résistance à la sécheresse, un avantage certain face au réchauffement climatique.

Le vaccarèse

L'un des 13 cépages rouges pouvant être utilisés en assemblage en châteauneuf-du-pape et d'autres AOC voisines (côtes-du-rhône, gigondas...).

SES ATOUTS

Un côté floral, élégant et frais qui équilibre la chaleur du grenache. Un cépage intéressant aussi dans un contexte de réchauffement climatique.

Les gros mots de la vigne

Botrytis cinerea

Vu comme un ange dans certaines régions, comme un démon dans les autres, ce champignon qui se développe dans des conditions humides engendre la pourriture grise, qui dégrade la vendange, donne un goût de moisi au raisin et subit une véritable chasse aux sorcières ! Mais dans de rares régions, il permet l'élaboration de grands liquoreux comme à Sauternes, en faisant s'évaporer l'eau des raisins et se concentrer sucre et arômes : on parle alors de « pourriture noble »

Coulure

Il arrive parfois qu'une fleur n'accouche pas comme prévu de sa grappe de raisin. C'est ce phénomène tout à fait naturel qu'on appelle la coulure. Attention tout de même, si ce phénomène dépasse les 30 %, il est nécessaire au vigneron de s'en préoccuper.

Débourrement

Ce mot peu délicat désigne pourtant un beau phénomène printanier : l'éclosion de nos beaux bourgeons de vigne. Une étape clé dans le cycle de vie de la vigne !

Ébourgeonnage et épamprage

Pour obtenir le meilleur vin, il ne faut garder que le top du top des raisins. C'est pour cela que les vignerons retirent certains bourgeons et rameaux en haut (ébourgeonnage) et en bas de la souche (épamprage).

Effeuillage

Rien de burlesque dans cette action ! Il s'agit d'enlever des feuilles de vigne pour que les grappes puissent bronzer tranquillement et être protégées de certaines pourritures.

Éraflage

Vous vous souvenez de la rafle ? Mais si, cette petite tige qui relie la baie de raisin à la grappe. Eh bien, pour éviter des tanins trop durs dans le vin ou un vilain goût d'herbe fraîchement fauchée, on les retire totalement ou partiellement.

Greffage

Allô docteur ? Besoin d'une greffe dans le rang 3 ! Meilleure réponse à la crise du phylloxéra, le greffage consiste à assembler deux espèces de vignes différentes. Il s'agit très souvent d'une bouture de vigne européenne, donnant des raisins de qualité, assemblée à un système racinaire américain, résistant aux maladies.

Nouaison

Heureux événement pour la vigne, c'est la naissance de nos petits grains de raisin sur leur grappe. Félicitations !

Sélection clonale

La science a beaucoup apporté à la vigne. On peut désormais, à partir d'un pied de vigne, reproduire ce dernier à l'identique. Mais pour quoi faire ? Cette technique permet notamment de dupliquer des pieds de vigne résistants aux maladies, une aubaine !

Hybride

Tout comme une voiture, un pied de vigne peut être hybride ! On l'obtient en croisant différentes espèces de vignes.

Oïdium

Après le mildiou, encore un *bad boy* de champignon qui se manifeste par l'apparition d'une poussière grisonnante et altère le développement des baies de raisin. Une vraie plaie !

Sélection massale

Cette autre méthode consiste en la sélection des pieds de vigne donnant les raisins les plus qualitatifs et résistants, à les multiplier et à les replanter. Quelle différence avec la sélection clonale ? Elle permet de garantir une diversité et de conserver le patrimoine viticole. Un *must* pour les domaines souhaitant garder une trace de leurs vieilles vignes.

Mildiou

Redouté par les vignerons, ce champignon maudit, venu d'Amérique du Nord, peut ruiner les récoltes en s'attaquant à la vigne par le sol. Les armes pour le combattre ? L'entretien des sols, le cuivre et certains fongicides.

Phylloxéra

C'est l'ennemi le plus célèbre de la vigne et le cauchemar de tout vigneron. Ce mini puceron *made in America* a ravagé les vignes européennes au XIXe siècle. Un vrai calvaire ! Les moyens d'action ? L'hybridation et l'utilisation de porte-greffes (voir Greffage).

Comment faire du vin rouge ?

Les vins rouges naissent uniquement de raisins rouges, car c'est la peau qui leur donne leur couleur et qui contient aussi les arômes et les tanins.

01

ÉGRAPPAGE (OU ÉRAFLAGE)

C'est l'heure de s'activer, la vendange arrive et là, on s'épare en général (partiellement ou totalement) les baies de raisin de la tige. Cela permet d'éviter des tanins trop durs et un goût herbacé.

02

FOULAGE

C'est le moment d'éclater les baies pour en libérer le jus, sans casser les pépins. Si, autrefois, on foulait avec les pieds, de nos jours, on utilise généralement des fouloirs dédiés à cette extraction du jus.

03

MACÉRATION

Après le foulage, on met le jus (le moût) et les parties solides (pépins, peaux, pulpe = le marc) dans une cuve de fermentation. Ensemble, ils vont macérer et le jus va se colorer grâce aux molécules contenues dans les pellicules de raisin. C'est le début de la vie en rouge.

04

TEAM PIGEAGE OU REMONTAGE ?

Pendant la phase de macération, certains composants du raisin comme la pellicule et les pépins, qui donnent couleur et arômes au vin, remontent à la surface et forment ce que l'on appelle « le chapeau de marc ». Pour jouir de ces bienfaits, deux *teams* existent :

- la « *team* pigeage » plonge le chapeau dans le reste du jus à l'aide d'un bâton spécifique nommé « pigeou » ;
- la « *team* remontage » pompe le jus avec un tuyau et le réinjecte au-dessus du chapeau.

05

FERMENTATION ALCOOLIQUE

C'est parti pour une étape clé de la production de vin : la fermentation alcoolique. C'est à ce moment que les sucres se transforment en alcool grâce aux levures ajoutées ou contenues naturellement dans les baies (on parle alors de « levures indigènes »). Patience, patience, cette étape peut durer de plusieurs semaines à plusieurs mois.

06

DÉCUVAGE ET PRESSURAGE DU MARC

Rien à voir avec une technique de lendemain de cuite, le décuvage consiste en la séparation du vin de goutte (le vin présent dans la cuve) et du vin de presse que l'on obtient en pressant le marc. Si tu as bien suivi, tu as compris que ce dernier est naturellement plus riche en tanins et en couleur.

07

ASSEMBLAGE DU VIN DE GOUTTE ET DU VIN DE PRESSE

En fonction du vin que l'on veut produire, plus ou moins tannique et coloré, on va assembler le vin de goutte et le vin de presse.

08

ÉLEVAGE ET/OU FERMENTATION MALOLACTIQUE

Autre étape fonda-men-tale pour l'élaboration du vin pendant laquelle ce dernier est placé en cuve ou en barrique pour une durée qui peut s'étendre jusqu'à 36 mois, et va développer ses arômes et sa structure. C'est aussi au cours de cette période que s'effectue la fermentation malolactique – « malo » pour les intimes –, où l'acidité malique laisse place à l'acidité lactique, et donc à plus de souplesse et de rondeur.

09

SOUTIRAGE

Une fois les fermentations terminées, un peu de ménage s'impose ! Soutirer signifie qu'on vient séparer les vins des particules, appelées « lies », qui se trouvent dans le fond du contenant.

10

SULFITAGE ÉVENTUEL

Dans certains cas, on vient ajouter du dioxyde de soufre au vin pour le protéger contre certaines maladies et contre l'oxydation qui affecte les arômes et les saveurs du vin.

11

ASSEMBLAGE ÉVENTUEL

Blending or not blending, that is the question ! Assembler n'est pas une obligation mais dans certaines régions, comme le Bordelais ou la Champagne, c'est une véritable tradition.
Ici, l'assemblage signifie que l'on va mélanger des vins issus de cépages et/ou de parcelles différents.

12

COLLAGE ET FILTRATION ÉVENTUELS

Encore un peu de nettoyage… Pour retirer les particules en suspension, on peut utiliser des « colles » comme le blanc d'œuf. On peut aussi filtrer le vin pour le rendre encore plus *shiny !*

13

EMBOUTEILLAGE

Pas la peine de checker Bison futé : l'embouteillage qui nous concerne consiste en la pose d'un bouchon, souvent en liège, sur notre bien-aimée bouteille de vin.
Une fois embouteillé et étiqueté, le vin est prêt pour voler jusqu'à toi !

Comment faire du vin blanc ?

Les vins blancs proviennent de raisins… blancs pour la très large majorité – on peut toutefois faire des blancs avec des raisins rouges qui ont une pulpe blanche, ce sont les « blancs de noirs ».

01

PRESSURAGE

Les raisins vendangés sont arrivés au chai et là on s'active pour presser les raisins, en douceur, et ne garder que le jus (le moût).

02

DÉBOURBAGE

Spécifique aux blancs et rosés, cette étape consiste à mettre le jus en cuve. Des particules solides, les bourbes (fragments de pellicules, rafles, pépins, terre…), vont dégringoler au fond de la cuve et on va les retirer pour donner au vin plus de finesse et de clarté.

03

FERMENTATION ALCOOLIQUE

Même chose que pour les rouges. Les levures présentes naturellement dans le vin ou ajoutées vont transformer les sucres du raisin en alcool. Abracadabra ! Un tour de magie qui dure environ 10 jours, à basse température pour garder la pureté des arômes.

04

ÉLEVAGE

Il s'agit de faire reposer le vin, en cuve Inox, en cuve béton, en barrique de chêne, en amphore…, afin qu'il s'affine définitivement. Plusieurs options sont possibles à ce stade.

Élevage en cuve ou en barrique
Pour un blanc frais et fruité, à boire dans sa jeunesse, on va plutôt le placer en cuve Inox ou béton, contenant neutre où il va *chiller* pendant quelques semaines. Pour plus de complexité et de gras, on peut le mettre, souvent plus longtemps, en barrique (fût) de chêne, dans lequel il va s'arrondir et prendre des arômes boisés.

Élevage + fermentation malolactique
Certains blancs connaissent une seconde fermentation (dite « malolactique ») pendant l'élevage, généralement en fût, qui diminue l'acidité parfois sévère du vin et lui donne plus de gras, de rondeur. C'est le cas pour la plupart des grands blancs de garde.

Élevage sur lies ou non
Le vinificateur peut décider, toujours pour apporter de la rondeur, de la densité et de la complexité aromatique (brioche, pain…), de conserver les lies les plus fines – dépôt de levures mortes au fond de la cuve ou du fût après la fermentation – en ne soutirant (transvasement du vin dans un autre contenant) que les plus grosses. En général, cette opération dure tout l'hiver.

Élevage + bâtonnage
Souvent associé à l'élevage sur lies, et toujours pour donner plus de volupté et de rondeur, le bâtonnage consiste à remuer le vin dans sa barrique à l'aide d'une tige spécifique pour remettre les lies en suspension.

05

SULFITAGE

Dans certains cas, on vient ajouter du dioxyde de soufre au vin pour le protéger contre certaines maladies et contre l'oxydation qui affectent les arômes et les saveurs du vin.

06

ASSEMBLAGE ÉVENTUEL

Blending or not blending, that is the question ! L'assemblage, de cépages ou de parcelles, n'est pas une obligation et se fait plus rare pour les blancs. Mais, dans certaines régions, cela donne de beaux duos, comme avec les tandems marsanne-roussanne dans le Rhône ou sauvignon-sémillon dans le Bordelais.

07

COLLAGE ET FILTRATION ÉVENTUELS

C'est parti pour un peu de ménage ! Pour retirer les particules en suspension, on peut utiliser des « colles » comme le blanc d'œuf. On peut aussi filtrer le vin pour le rendre plus *shiny !*

08

EMBOUTEILLAGE

Pas la peine de *checker* Bison futé, l'embouteillage consiste ici en la mise du vin en bouteille, puis en la pose d'une capsule ou d'un bouchon, souvent en liège. Le vin vest prêt alors à la vente, mais peut aussi faire l'objet d'un vieillissement supplémentaire en bouteille.

Comment produit-on un vin blanc doux?

On n'ajoute pas du sucre dans le vin ! On stoppe la fermentation avant que le sucre contenu dans les raisins ne se transforme en alcool. Selon le taux restant, les « sucres résiduels », on obtient un moelleux (12 à 45 g/l) ou un liquoreux (plus de 45 g/l) : le premier nait de vendanges tardives, bien mûres et riches en sucre, le second est botrytisé, passerillé ou glacé.

Botrytis :
Dans certains vignobles (Sauternes, Layon...), le champignon *Botrytis cinerea* (voir page 26), favorisé par des brumes automnales près d'un cours d'eau, crée une « pourriture noble » sur le raisin et perce sa peau. L'eau s'évapore, le sucre et les arômes se concentrent.

Passerillage :
On laisse sécher les raisins sur le pied de vigne (à Jurançon par exemple) ou on les laisse flétrir sur un lit de paille (ou « claie ») : cela donne les vins de paille (voir page 77).

Raisins gelés :
On récolte des raisins gelés, souvent la nuit à moins 5 °C, pour faire des vins « de glace » (Canada, Allemagne, Autriche) ou on les congèle en chambre froide (« cryo-extraction »).

Comment faire du vin rosé ?

Les rosés ne sont pas le fruit d'un mélange entre du vin blanc et du vin rouge, mais de raisins à peaux rouges rapidement pressés pour les colorer légèrement ou d'une courte macération entre jus et peaux pour plus de couleur.

01

ÉRAFLAGE

C'est l'heure de s'activer, la vendange arrive : on vient séparer les baies de raisin de la tige. Cela permet d'éviter des tanins trop durs pour nos rosés.

02

FOULAGE

Il s'agit d'éclater les baies sans casser les pépins pour extraire le moût. Si dans le temps on foulait avec les pieds, on utilise de nos jours des fouloirs mécaniques. Pour les rosés de pressurage, on peut zapper cette étape.

03

TEAM SAIGNÉE OU PRESSURAGE ? ÇA VA SAIGNER !

Pour la fabrication du rosé, deux *teams* s'affrontent : celle du pressurage et celle de la saignée.

« *Team* pressurage »

Comme on le devine, on va ici presser le raisin, comme pour un vin blanc, mais plus doucement et plus ou moins fort en fonction de la couleur qu'on veut extraire, l'idée étant que les peaux rouges teintent légèrement le jus. Les adeptes de cette technique obtiennent des rosés plutôt légers, aux couleurs pâles. Ce sont les rosés à la mode aujourd'hui, ceux que l'on trouve sur les terrasses dès que les températures dépassent 15 °C !

« *Team* saignée »

Rien de barbare dans cette méthode ! On procède ici comme pour un vin rouge, en faisant macérer le jus avec les peaux dans la cuve, mais moins longtemps pour éviter de virer au rouge : pas plus de 48 heures. Ensuite, on « saigne » la cuve : on sépare le jus des peaux. Le rosé obtenu a une belle couleur bien vive et un peu de muscle ! C'est le cas du bordeaux clairet par exemple.

Le vin gris

On appelle « gris » un vin rosé très clair obtenu par pressurage direct à partir de raisins rouges à la peau peu colorante (pinot noir, gamay). Existent aussi les « gris de gris » nés de cépages à la peau grise (grenache gris, pinot gris…).

04

DÉBOURBAGE

Lors de cette étape, spécifique aux vins blancs et rosés, on met le jus en cuve. Des particules solides vont tomber au fond de la cuve et on les retire pour donner au vin plus de finesse et de clarté.

05

FERMENTATION ALCOOLIQUE

La phase clé : dans la cuve de fermentation, les sucres se transforment en alcool grâce aux levures ajoutées ou contenues naturellement dans les baies. Un peu de patience s'impose : 10 jours environ pour les rosés.

06

ÉLEVAGE

Étape courte pour le rosé, le vin est placé au frais quelques mois, en cuve en Inox (beaucoup plus rarement en barrique), dans laquelle il va développer ses arômes. C'est aussi au cours de cette période que s'effectue éventuellement la fermentation malolactique (voir Comment faire du vin rouge ?), très rare pour les rosés toutefois.

07

SULFITAGE

Dans certains cas, on vient ajouter du dioxyde de soufre au vin pour le protéger contre certaines maladies et contre l'oxydation qui affectent les arômes et les saveurs du vin.

08

COLLAGE ET FILTRATION ÉVENTUELS

C'est l'heure du ménage : pour retirer les particules en suspension, on peut utiliser des « colles » comme le blanc d'œuf. On peut aussi filtrer le vin pour le rendre plus limpide.

09

EMBOUTEILLAGE

Dernière étape avant de voir la vie en rose ! On met le vin en bouteilles, on pose une capsule ou un bouchon, et le rosé est prêt à être consommé, en général 6 mois après les vendanges.

L'exception des bulles rosées

En Europe, il est interdit de produire des rosés tranquilles (sans bulles) en mélangeant du vin blanc et du vin rouge, sauf pour les effervescents : le champagne et les crémants sont ainsi pour la plupart élaborés selon cette méthode.

Comment faire un champagne ?

On prend nos valises et on part en Champagne, la pétillante patrie du trio chardonnay, pinot noir et meunier, pour découvrir les secrets de nos bulles préférées. Un indice : la double fermentation en bouteilles...

01

PRESSURAGE

Après les vendanges (à la main), les raisins champenois, le plus souvent un mélange de rouges et de blancs, arrivent au chai et là, pas le temps de traîner, on vient les presser rapidement afin que les raisins rouges ne colorent pas le jus.

02

FERMENTATION ALCOOLIQUE

On fait ensuite comme pour un vin blanc tranquille, sans bulles, appelé « vin de base » : le jus est transféré en cuve ou en barrique pour la transformation des sucres en alcool. Si le tour est réalisé dans une cuve, le vin sera plus vif et fruité ; en barrique, il aura plus de gras et rond. Abracadabra !

03

ASSEMBLAGE

C'est un mot clé en Champagne, qui cache de multiples possibilités.

Assemblage de cépages

Comme certains vins rouges ou blancs, le champagne est souvent issu d'un mix de cépages, avec comme trio privilégié : chardonnay (raisins blancs) + pinot noir (raisins rouges) + meunier (raisins rouges).

Assemblage de millésimes

Cette pratique très usitée en Champagne consiste à mélanger les vins d'années différentes. Mais pourquoi ? Cela permet au champagne de conserver sa personnalité au cours du temps, de garder un goût constant d'une année à l'autre, contrairement à un champagne millésimé qui est l'expression d'une année particulière et généralement exceptionnelle.

Assemblage de vin rouge et de vin blanc

Véritable hérésie ailleurs (voir Comment faire du vin rosé ?), la Champagne est la seule région où il est possible de faire du rosé en mélangeant du vin rouge (environ 10 %) et du vin blanc.

04

EMBOUTEILLAGE ET LIQUEUR DE TIRAGE

Et non, l'embouteillage en Champagne n'est pas la dernière étapes, mais bien le début d'une pétillante aventure ! On met en bouteilles le vin fermenté et assemblé, auquel on ajoute une « liqueur de tirage », un mélange de sucre et de levures. On ferme avec une capsule, comme sur une bouteille de Coca.

05

PRISE DE MOUSSE

C'est l'étape clé, dite « prise de mousse », le secret ultime de la méthode champenoise. Dans la bouteille, une seconde fermentation se produit : les levures ajoutées viennent manger le sucre et produisent du gaz carbonique qui va engendrer les fameuses bulles !

06

ÉLEVAGE ET REMUAGE

Après toutes ses aventures, le champagne va se reposer tranquillement en cave pendant minimum 15 mois (obligatoire) ou bien plus encore pour les cuvées de prestige. Les bouteilles sont disposées avec la tête en bas sur des pupitres et petit à petit tournées sur le côté, manuellement ou mécaniquement, de quoi leur donner le tournis ! Ce « remuage » permet de faire tomber le dépôt de levures mortes au niveau du goulot.

07

DÉGORGEMENT

On s'accroche pour cette étape explosive ! Le col de la bouteille où se situe le dépôt est gelé, puis on ouvre la capsule, ce qui fait jaillir le dépôt hors de la bouteille grâce à la pression du gaz.

08

DOSAGE

Après dégorgement, on peut ajouter une « liqueur de dosage » (appelée aussi « liqueur d'expédition »), savant mélange de vin et de sucre qui adoucit la vivacité naturelle du champagne et lui confère sa catégorie : extra-brut, brut, extra dry... On pose ensuite le bouchon et son petit muselet pour qu'il ne saute pas. C'est donc la quantité de liqueur de dosage (grammes de sucre par litre) qui détermine le type de champagne, la touche finale qui fait toute la différence :

- entre 0 et 6 g/l : extra-brut ;
- moins de 12 g/l : brut ;
- entre 12 et 17 g/l : extra dry ;
- entre 17 et 32 g/l : sec ;
- entre 32 et 50 g/l : demi-sec ;
- plus de 50 g/l : doux.

À noter qu'en dessous de 3 grammes de sucre par litre ou s'il n'y a pas eu d'ajout de sucre du tout, on parle de champagne « brut nature », « pas dosé » ou « zéro dosage ».

Méthode champenoise et méthode traditionnelle

La réglementation européenne interdit l'utilisation du terme « méthode champenoise » dans l'étiquetage des vins effervescents autres que le champagne : on parle alors de « méthode traditionnelle », utilisée notamment pour les crémants. C'est la même méthode de double fermentation en bouteilles, seul le nom varie.

L'élevage du vin

Cette période, entre la fermentation et la mise en bouteilles,
va de quelques semaines à plusieurs années selon le type de vin recherché.
Celui-ci se transforme petit à petit, se stabilise et prend forme dans le chai de vieillissement.
Tour d'horizon des principaux types d'élevage.

Le fût de chêne : la star

Le bois est LE matériau star de l'élevage, tout particulièrement dans sa version chêne, que l'on réserve généralement aux vins les plus puissants pour leur apporter stabilité, limpidité, souplesse et complexité aromatique. Les vins rouges structurés y voient ainsi leurs tanins de jeunesse s'arrondir et leurs arômes s'équilibrer au contact de l'oxygène qui s'infiltre en petite quantité par les parois des barriques. Mais attention à l'abus : trop de bois tue le vin en camouflant son fruité sous des arômes boisés trop intenses.

Chêne français vs chêne américain : vanille ou noix de coco ?

S'il existe plus de 250 espèces de chêne dans le monde, seulement quelques-unes sont utilisées dans le monde du vin. Globalement, deux équipes : la « *team* européenne » avec le chêne français et la « *team* Nouveau Monde » avec le chêne américain. Le premier est reconnu pour sa finesse et ses arômes de vanille, de torréfaction, tandis qu'en version US, il fait le *show* avec des notes plus « sucrées » de noix de coco ou de caramel. Côté prix : une barrique de chêne français coûte 1 000 $ quand sa version US en coûte 500 $.

Le bois dans tous ses états

Barrique (ou fût), demi-muid, foudre…, tous ces noms désignent un contenant en bois destiné à élever du vin. La différence ? Leur taille. D'un point de vue technique, plus le contenant est petit, plus le bois a de l'impact sur le vin, et inversement. Leur utilisation dépend aussi de traditions régionales : à Bordeaux, la barrique fait 225 litres, sa cousine bourguignonne 228 litres. Du côté du Rhône, il n'est pas rare de trouver des demi-muids d'environ 600 litres. Mais il existe plus grand encore avec le foudre (1 000 litres), chéri notamment par les Alsaciens.

Fût neuf vs fût ancien

Plus le fût est jeune, plus son impact est important en termes d'arômes mais aussi de structure : le bois neuf apporte également des tanins et peut écraser un vin naturellement peu charpenté. Après 3 ans d'utilisation, le fût devient plus « neutre », tout en gardant sa capacité de micro-oxygénation et d'assouplissement du vin. Le choix est donc fonction des caractéristiques du vin à l'origine (plus ou moins structuré) et du type recherché (plus ou moins boisé).

Le tonnelier

En collaboration avec les vignerons, il définit la méthode de fabrication de fût, sa forme, sa taille, le type de bois utilisé. Une étape très importante : la chauffe. En gros, c'est la cuisson du bois de chêne. Faible, elle offre de délicats arômes fumés ; moyenne, elle transmet des notes vanillées et épicées ; forte, elle donnera des arômes plus intenses (grillé, café…). Il est donc important de choisir la chauffe adaptée à son vin.

La cuve : prime à la jeunesse et au fruit

Un type d'élevage le plus souvent réservé aux vins destinés à être bus jeunes, car il préserve la fraîcheur du fruit. Deux grandes options : l'Inox et le béton.

La cuve Inox : le fruit

Utilisée pour les vins à boire jeunes, elle est appréciée pour sa parfaite neutralité par rapport au vin. Avec l'Inox, on a du fruit, rien que du fruit ! Une technique également moins coûteuse que le bois, et des cuves plus faciles à nettoyer et à entreposer, et le plus souvent thermorégulées. Bref, plus facile d'usage.

La cuve béton : la rondeur

Avec le béton : du fruit, de la fraîcheur et aussi de la rondeur. Une micro-oxygénation se fait en effet au travers des pores du béton, sans modifier le goût du vin mais en apportant souplesse et rondeur. Une sorte d'entre-deux entre l'Inox et le bois. Autres avantages : c'est un matériau durable et moins cher que l'Inox, offrant une très bonne stabilité des températures.

L'amphore de terre cuite : le come-back

Depuis quelques années, le plus vieux contenant du monde revient à la mode, souvent dans des domaines en bio, pour la vinification et/ou l'élevage du vin.

L'amphore – en réalité plutôt une grosse jarre sans anses –, généralement en terre cuite, prenait le nom de *dolia* pour les Romains et s'appelle *qvevri* en Géorgie, la région « mère » du vin, où, enterrée dans le sol, elle est encore très utilisée pour vinifier, laisser vieillir et stocker le vin.

Ce type d'élevage présente trois principaux avantages : elle permet des échanges entre le vin et l'air par sa porosité, ce qui donne des tanins souples ; elle garde la fraîcheur, ce qui favorise le fruité ; sa forme en œuf inversé favorise le mouvement des particules à l'intérieur du vin, ce qui lui offre gras et complexité.

Les gros mots du chai

Assemblage
Le « mix » du jus de deux parcelles ou de cépages différents comme à Bordeaux par exemple, où l'on assemble très souvent le cabernet-sauvignon, pour la structure, et le merlot, pour plus de rondeur.

Bâtonnage
On tourne un bâton (« dodine ») dans les barriques remplies de vin pour mélanger les lies, lui donnant ainsi du gras et de la complexité. Un *must* en Bourgogne notamment.

Chapeau de marc
Le mélange des peaux de raisin, des rafles s'il y en a et des pépins. « Chapeau » car il remonte en haut de la cuve.

Chaptalisation
L'ajout de sucre dans le moût pendant la fermentation du vin. Le but : faire grimper le niveau d'alcool. Une pratique strictement réglementée en France, parfois autorisée les années difficiles, quand la maturité du raisin n'est pas atteinte.

Collage
Rien à voir avec une œuvre d'art ! Cela consiste à agglomérer les particules les plus fines en suspension dans le vin pour faciliter sa filtration et sa clarification, en utilisant des substances comme le blanc d'œuf ou la colle de poisson par exemple.

Dégorgement
Étape « explosive » qui consiste en l'expulsion du dépôt des effervescents en le faisant jaillir hors de la bouteille après l'avoir transformé en glaçon.

Dosage
Étape fondamentale pour les effervescents. On ajoute une liqueur composée de vin et de sucre après dégorgement, qui va définir la catégorie de vin : extra-brut, brut, doux...

Fermentation alcoolique
La transformation des sucres du moût en alcool grâce aux levures contenues dans le moût.

Fermentation malolactique
La « malo » est la transformation de l'acide malique contenu dans le vin en acide lactique, permettant de rendre les vins plus souples, gras et ronds.

Levures
Micro-organismes permettant la transformation du moût de raisins en alcool et donc en vin : les ouvrières de la fermentation alcoolique !

Lie
Dépôt qui vient se placer au fond de la cuve ou de la barrique. Les lies sont parfois gardées pour les vins blancs et bâtonnées afin de donner du gras et de la complexité.

Marc
Ce mélange des peaux, des pépins et des rafles obtenu après pressurage contient la couleur, les arômes et les tanins : la star de la macération en somme !

Macération

Étape très importante pour les rouges, parfois utilisée pour les rosés et les blancs, pendant laquelle on met ensemble dans la cuve le jus de raisins avec les peaux, les pépins et éventuellement les rafles. Le but : extraire les arômes, la couleur et les tanins. On distingue :

La macération classique

On met en contact le jus foulé et pressé avec les peaux, les pépins et les rafles.

La macération carbonique

Elle se fait à l'intérieur des baies de raisin et non à partir du moût, donc on ne foule ni ne presse les raisins. On met ces raisins intacts en cuve et on ajoute du CO_2 pour éviter toute oxydation. Cela donne un vin très fruité, coloré et peu tannique.

La macération semi-carbonique

À la différence de la « carbo », on travaille dans de grandes cuves où les raisins du dessus écrasent ceux du dessous, libérant ainsi du jus dont le sucre va lancer la fermentation alcoolique, qui libère du CO_2 naturellement. C'est donc une « carbo » sans ajout de CO_2.

Moût

Le jus de raisin avant la fermentation alcoolique.

Ouillage

L'action d'ajouter du vin dans le fût ou la cuve pour compenser une évaporation (la « part des anges »), permettant ainsi d'éviter l'oxydation du vin.

Oxydation

La modification des composés du vin en présence de l'air. Elle doit être maîtrisée pour ne dégrader le goût des vins et les transformer en vinaigre. Elle est aussi parfois favorisée pour les vins dits « oxydatifs » comme le vin jaune du Jura par exemple.

Pigeage

On vient enfoncer le chapeau de marc à l'aide d'un grand bâton dans la cuve pour que le jus situé en dessous gagne en couleur, en arômes et en tanins.

Remontage

Cette technique a le même but que le pigeage, mais cette fois-ci on vide le jus de la cuve et on le réinjecte par-dessus le marc à l'aide d'un tuyau.

Soutirage

Action consistant à transvaser le vin d'un contenant à l'autre (fût à fût, cuve à cuve) pour l'aérer et le débarrasser de ses lies et dépôts indésirables.

Sulfites

Naturellement contenus dans le vin, ces composés permettent sa bonne conservation. On en ajoute parfois pour éviter tout risque d'oxydation. Ils ont donc de belles qualités, mais en cas de surdosage et de surconsommation, gare à la « barre au crâne » !

Les vins green

Les vins green, c'est quoi ?

Si la viticulture s'est mise au vert dès les années 1960, en réaction au tout chimique et au productivisme d'après-guerre, les vins *green*, loin d'être une simple mode, répondent aujourd'hui à une aspiration de plus en plus partagée par les Français. Bio, biodynamie, nature : tour d'horizon des trois principaux types de vins *green*.

Pourquoi un tel succès ?

Parce que les Français sont de plus en plus sensibles à la préservation de l'environnement certes, mais aussi parce que c'est meilleur, et ce n'est pas moi qui le dis ! Une étude réalisée sur 12 ans par deux chercheurs, Magali Delmas et Olivier Gergaud, a montré que les vins bio et biodynamiques étaient mieux notés par les experts que les vins dits « conventionnels ». Les vins seraient plus qualitatifs en bouche, l'effet terroir est renforcé et le fruit s'exprime mieux, car il est nourri avec des produits non nocifs pour son environnement : une véritable explosion de saveurs et de terroir, comme si l'on croquait dans un fruit ! Les crus classés et autres vins prestigieux l'ont bien compris et nombre d'entre eux ont pris le virage *green*.

Quelques chiffres

Le marché bio en France est en plein boom avec près de 2,2 millions d'hectolitres de vins bio produits par an et 14 % du vignoble converti ou en cours de conversion : des chiffres en progression constante (x 3 en 10 ans). La région phare est l'Occitanie avec 1800 exploitations certifiées en 2018 sur quelque 8 000 domaines ! Et les Français sont les premiers consommateurs de vins bio dans le monde, devant l'Allemagne. Côté biodynamie, on compte plus de 500 exploitations labellisées en France, soit près de 1 % du vignoble, un chiffre là aussi en constante augmentation. Autre tendance : les vins dits « nature » ou « naturels », élaborés au plus près de... la nature et sans ajout d'intrants ou presque. Un carton auprès des jeunes notamment.

Labels à la pelle, comment s'y retrouver ?

Voici un petit guide pour s'y retrouver entre vins bio, biodynamiques, naturels et briller en société !

	CONVENTIONNEL	**AGRICULTURE RAISONNÉE**	**AGRICULTURE BIOLOGIQUE**	**BIODYNAMIE**	**VINS NATURELS**
INTERVENTIONS À LA VIGNE	Produits chimiques et de synthèse autorisés	Produits chimiques de synthèse utilisés lorsque cela est nécessaire	Pas de produits chimiques de synthèse	Pas de produits chimiques de synthèse	Pas de produits chimiques de synthèse
INTERVENTIONS AU CHAI	Intrants autorisés (dont acide citrique, sulfate de cuivre, sulfate d'ammonium, tanins œnologiques)	Intrants autorisés (dont acide citrique, sulfate de cuivre, sulfate d'ammonium, tanins œnologiques)	Certains intrants autorisés (dont levures, SO_2, écorces de levure, albumine, gélatine, colle de poisson, gomme arabique, protéines végétales et tanins)	Certains intrants autorisés (uniquement l'albumine d'œuf, le SO_2, la bentonite, le charbon œnologique, le sucre)	Aucun intrant autorisé à part le SO_2
QUANTITÉ DE SULFITES (SO_2) AUTORISÉE	**< 150 mg/l** pour les vins rouges **< 200 mg/l** pour les vins blancs	**< 150 mg/l** pour les vins rouges **< 200 mg/l** pour les vins blancs	**< 100 mg/l** pour les vins rouges **< 150 mg/l** pour les vins blancs	**< 70 mg/l** pour les vins rouges **< 90 mg/l** pour les vins blancs	**< 30 mg/l** pour les vins rouges **< 40 mg/l** pour les vins blancs
LABELS ASSOCIÉS		Terra Vitis ; Issu d'une exploitation Haute Valeur Environnementale	AB Agriculture Biologique ; Eurofeuille	demeter	Vin méthode Nature

La bio, c'est quoi ?

L'idée principale de la viticulture biologique, reconnue et réglementée en France depuis 1980 et dans l'UE depuis 1991, est l'interdiction d'ajouter des produits chimiques à la vigne et au chai, la limitation des quantités de soufre, le bannissement des levures exogènes (non naturelles) et le travail des sols.

Le débat sur le cuivre

Les pesticides sont certes autorisés, mais uniquement s'ils sont d'origine animale ou végétale. Le débat actuel concerne l'utilisation du cuivre pour traiter les maladies comme le mildiou, car ce métal lourd ne se dégrade pas dans l'environnement, abîme le socle végétal et surtout les nappes phréatiques. De plus, on ne peut pas dépasser la dose de 4 kg / hectare et par an, ce qui est très peu pour être efficace, surtout les années de fortes pluies. C'est pourquoi le bio est plus répandu dans les régions ensoleillées et venteuses du pourtour méditerranéen, et à l'inverse bien plus compliqué à appliquer en Champagne ou encore dans le Bordelais, régions très pluvieuses !

Comment devenir bio ?

Produire du vin bio ne se fait pas en un claquement de doigts ! Le vigneron s'engage pour une conversion de 3 ans, pendant laquelle il doit suivre les préceptes du cahier des charges bio (plus de pesticides chimiques, moins de soufre…). Au bout de 2 ans, il peut afficher « en conversion vers l'agriculture biologique » sur ses bouteilles et ne peut arborer le logo européen et/ou français qu'à l'issue de la troisième année. Un long chemin semé d'embûches ! Le prix de production de ses vins va aussi augmenter, car le travail à la vigne et en cave est 20 à 30 % supérieur à la culture traditionnelle !

Logo français et logo européen, quelle différence ?

Aucune ! Pour être labellisés, les domaines doivent suivre les règles européennes, qui sont les mêmes que celles de l'agriculture biologique française. En revanche, le logo européen (ou « eurofeuille ») est obligatoire sur l'étiquette de la bouteille, tandis que le logo français « AB » est facultatif.

J'en pense quoi ?

C'est une bonne première étape, qui a des vertus pour nous et pour le vigneron. Mais il y a de tout dans le bio : le bio que l'on peut qualifier « d'industriel », qui se permet encore trop de manipulations en cave (filtration à outrance, acidifications des jus…), et le bio plus « nature », prônant le moins de manipulations possibles.

L'agriculture raisonnée

Sorte de compromis entre le bio et le conventionnel, qui n'interdit pas les produits chimiques mais vise à une utilisation de manière… raisonnée, et favorise la qualité environnementale de l'écosystème (et non du vin). C'est le cas de la certification HVE (haute valeur environnementale).

La biodynamie, c'est quoi ?

La « biody », comme disent les adeptes, est une méthode de culture, et même une philosophie, encore plus restrictive que le bio, selon laquelle les éléments vivants (dont la vigne) interagissent en fonction des astres et des cycles lunaires. Pas d'intrants chimiques donc, mais l'utilisation de traitements naturels proches de l'homéopathie pour renforcer la vigne et son environnement face aux maladies. Mieux vaut prévenir que guérir !

Les origines

Elles remontent à plus de 100 ans et à Rudolf Steiner, philosophe autrichien qui dans les années 1920 va défendre l'idée qu'il existe un lien entre les êtres vivants, les éléments (eau, air, feu), les forces cosmiques et le calendrier lunaire. Si certaines de ses idées jugées trop perchées ne sont pas toujours retenues par les vignerons et vigneronnes, d'autres sont appliquées et affichent de beaux résultats avec des vins qui sont de véritables expressions de leur terroir.

La 500, 501, kesako ?

Ces étranges numéros désignent les deux plus connues des préparations naturelles utilisées en biodynamie pour aider la vigne à se battre contre les maladies :

LA 500
est une préparation à base de bouse de vaches fermentée placée dans des cornes de vaches et enfoncée dans le sol pour stimuler la croissance des racines et la production d'humus.

LA 501
est une préparation à base de silice de corne, préalablement enterrée pendant 6 mois dans le sol, que l'on pulvérise ensuite sur les feuilles. De vraies potions magiques !

Deux labels

Un vin biodynamique est un vin bio qui respecte des règles encore plus restrictives et qui pour cela peut bénéficier d'un label : Demeter ou Biodyvin. Demeter est le label le plus connu mais n'est pas réservé au monde du vin. Biodyvin est, comme son nom l'indique, spécifique au vin et se veut plus élitiste, en recrutant ses membres sur dégustation pour s'assurer de la qualité des vins.

J'en pense quoi ?

Je suis convaincue ! Au niveau des sols et de la santé de la vigne, mais aussi au niveau de la dégustation, avec des vins plus fins, plus profonds, offrant une lecture des terroirs plus précise.

Le vin nature, c'est quoi ?

On en parle beaucoup, mais cela ne concerne qu'environ 1 500 vignerons en France. Un véritable mouvement alternatif qui milite pour des vins « vivants », « libres », offrant la plus pure expression de leurs terroirs, sans (quasiment) aucune empreinte de l'homme et surtout sans chimie.

Des vins au plus près de la nature

Les principes de base des vins dits « nature » ou « naturels » sont les suivants :

- Les raisins sont obligatoirement en bio et en biodynamie.
- Aucune manipulation possible dans la vigne et en cave (vendanges manuelles obligatoires, levures naturelles obligatoires...).
- Aucun intrant chimique pour modifier et/ou stabiliser le jus.
- Pas ou très peu de sulfites ajoutés : jusqu'à 30 mg/l max.
- Rarement de collage ou de filtration.

Des labels récents

Ces vins sont représentés par quelques syndicats et associations de création assez récente comme l'AVN (Association des Vins Natures), Vins SAINS (Sans Aucun Intrant Ni Sulfite ajouté) ou le Syndicat de défense des vins naturels. Ce dernier a édicté en 2020 un label — Vin méthode nature — reconnu par la direction des fraudes.

Et ça sort d'où ?

Ce mouvement « nature » s'opposant à l'industrialisation massive et à l'ère de la chimie n'est pas nouveau et remonte aux années 1970. Il s'est développé notamment dans le Beaujolais, sous l'impulsion de quelques irréductibles (vignerons) Gaulois comme Marcel Lapierre, le pionnier, Jules Chauvet (négociant-éleveur qui a beaucoup écrit sur le sujet), Jean Foillard, Georges Descombes ou encore le Jurassien Pierre Overnoy. Une tendance qui s'est aujourd'hui répandue dans le monde entier, avec un vrai public d'adeptes et même de militants !

J'en pense quoi ?

Je trouve la démarche très honorable, mais parfois radicale quand les défauts souvent nombreux se retrouvent dans le vin.

Quelques astuces pour apprécier les vins nature

Pourquoi ils pétillent ?
Le vigneron a recours au CO_2 pour protéger son vin, à défaut d'utiliser du soufre pour stabiliser son vin. Que faire ? Mettre le vin en carafe pour que le gaz s'échappe.

Pourquoi le vin est trouble ?
Il n'est pas filtré ni collé, donc des dépôts et sédiments liés à son évolution sont présents.

Pourquoi ça peut sentir mauvais ?
Il n'est pas rare en effet de trouver des odeurs de réduction (champignon, écurie...) car le vin manque d'oxygène. Que faire ? On carafe ! Mais si l'odeur perdure, c'est un vrai défaut hélas...

Pourquoi beaucoup sont en Vins de France ?
Car le cahier des charges, beaucoup plus souple qu'en AOC ou IGP, laisse la liberté du vigneron s'exprimer en termes de cépage, de vinification et d'élevage.

Puis-je les faire vieillir ?
Certains oui, surtout ceux sans défauts avec une prise tannique importante et/ou une acidité marquée, mais pas plus de 5 ans, et surtout dans une cave super clean à 15 °C max !

Les autres labels du vin

Si les labels bio et biodynamie sont les plus prisés par les consommateurs, il en existe d'autres pour les vignobles qui ne sont pas encore prêts à franchir le pas pour des raisons climatiques, économiques, voire philosophiques. On parle d'agriculture raisonnée pour ces producteurs qui tentent de protéger l'environnement à leur mesure.

HVE (haute valeur environnementale)

Ce label est une création du ministère de l'Agriculture qui vise à valoriser les démarches des producteurs vers plus de respect de leur environnement. Ce label garantit une certaine protection de la biodiversité, une utilisation raisonnée des produits phytosanitaires et une certaine gestion de la fertilisation. C'est un premier pas vers le bio.

Zéros résidus de pesticides

Le nom de ce label est assez clair et garantit l'absence de résidus de plus de 250 substances. Pour l'obtenir, il faut respecter un cahier des charges strict, faire l'objet d'un audit par un organisme certificateur et envoyer ses vins au labo pour vérifier cette absence de pesticides. Un véritable engagement pour des produits plus sains !

Vignerons engagés

Destiné aux caves et coopératives viti-vinicoles, ce label garantit la sensibilisation des labellisées aux enjeux RSE (responsabilité sociétale et environnementale). Il intègre ces différentes notions en couvrant à la fois le volet environnement *via* une réduction des produits phytosanitaires, et la protection de la biodiversité, et le volet sociétal avec la garantie de la traçabilité des produits et la défense du juste prix pour les producteurs et les consommateurs.

Terra vitis

C'est un label 100 % créé pour la viticulture qui garantit que le vigneron optimise l'usage des ressources naturelles pour cultiver sa vigne et fait un usage raisonné des produits phytosanitaires, qui ne sont utilisés qu'en roue de secours !

Agri confiance

Ce label spécifique aux membres de coopératives garantit une utilisation limitée de produits chimiques, la gestion des déchets et une utilisation optimale et durable des ressources naturelles.

Ça bouge dans le vin

Alerte, ça chauffe ! La vigne et le vin face au réchauffement climatique

Les températures sont de plus en plus *caliente*: les scientifiques prévoient une augmentation de 3,4 à 5,3 degrés en France en moyenne d'ici 2100 ! Cela a un fort impact sur la vigne et le vin. Pour préserver la qualité et éviter des vins hyper alcooleux ou méga sucrés à cause d'un excès de bronzage, quelles sont les solutions envisageables ?

Dénicher des cépages plus résistants

L'idée ? Dénicher des cépages plus résistants à la chaleur et qui mûrissent plus tardivement pour revenir à des dates de vendanges plus classiques. Plusieurs projets de recherches sont en cours sur l'implantation de cépages provenant du sud de la France ou de l'Europe (Espagne, Italie). Une expérimentation est en cours à Bordeaux sur 6 cépages, dont l'arinarnoa (croisement entre le tannat et le cabernet-sauvignon), le castets (cépage noir oublié du Sud-Ouest) ou encore l'alvarinho (cépage blanc très résistant et pas trop sucré). Affaire à suivre !

Agir sur l'eau

La vigne bénéficie de moins en moins d'eau, ce qui n'est pas bon pour elle. Il existe plusieurs moyens de capter l'eau. Certains viticulteurs optent pour le choix de porte-greffes qui développent des racines plus profondes pour aller capter l'eau plus bas. Autre solution pour éviter des raisins grillés : garder une surface de feuilles permettant de protéger les raisins à l'ombre et d'éviter leur dessèchement. Une autre solution pourrait être l'irrigation. Pratique formellement interdite en France (hors dérogation) ! Elle pourrait être envisagée en tout dernier recours si les autres solutions n'aboutissent pas.

Agir au chai

La conséquence du réchauffement climatique à court terme sur le vin c'est plus d'alcool et de sucres. Il existe des techniques permettant de réduire ces niveaux au chai : dé-sucrage des moûts et diminution de la teneur en alcool. Bingo ! Mais attention à ne pas se réjouir trop vite : ces méthodes coûteuses et très encadrées ont pour conséquence la perte de volumes.

Adopter des méthodes plus green et favoriser le maintien du carbone

Au-delà du travail au chai et à la vigne, il faut une démarche globale : réduire des émissions de gaz à effet de serre dans toutes les activités d'une propriété ou encore planter des arbres pour « séquestrer du carbone », une démarche bénéfique pour la vigne et ses travailleurs. Associée à un travail des sols cohérent, c'est une méthode reconnue que beaucoup s'empressent de mettre en place.

Pointer le Nord et grimper plus haut pour capter la fraîcheur

Pour aller chercher la fraîcheur, il faut parfois se déplacer. On commence à voir émerger des vignobles en Bretagne, si, si ! D'autres font le pari de grimper un peu plus haut dans les montagnes, à l'instar de certains vignerons argentins et sud-africains. Néanmoins, cette solution est difficilement envisageable en France dans la réglementation actuelle...

Le vin du « turfu »

Vins bio, biodynamiques, nature :
l'avenir semble être à des vins plus respectueux
de l'environnement mais aussi moins alcoolisés.

Un vin green

Allant dans le sens d'une sensibilisation des consommateurs à un meilleur traitement des vignes et de la nature en général, cette tendance *green* devient une vraie habitude de consommation, avec une limitation graduelle des produits nocifs pour la vigne, en vue de leur élimination complète. Une *success story* qui s'écrit notamment auprès des jeunes générations.

Un vin moins alcoolisé

Déjà présents en Allemagne et en Nouvelle-Zélande, sous le nom de *lifestyle wines*, les vins à faible degré d'alcool font un carton en France et représentent plus de 1 million de bouteilles vendues chaque année : boire des vins plus légers lors d'un bon apéro entre potes pour une meilleure hygiène de vie est hyper *trendy* ! Mais comment les obtient-on ? Deux *teams* : la *team* « vendanges précoces » et la *team* « désalcoolisation », à l'aide d'un procédé permettant d'extraire une partie de l'alcool du vin, portant le doux nom « d'osmose inverse ». Mais cette technique est très encadrée par l'UE, qui limite à 2 % la réduction du degré alcoolique et qui rappelle qu'un vin ne peut être considéré comme tel si son degré alcoolique dégringole en dessous de 8,5 % ou 9 % en fonction des régions. Pas si simple donc…

FRENCH LIBERTÉ

02

Le b.a.-ba pour déguster comme un pro

Bon ou mauvais dégustateur ?

Mettre des mots sur des sensations abstraites

Allez, on rentre dans le vif du sujet : comment mettre des mots sur le vin ? Comment savoir si c'est une piquette ou pas ? Comment déguster comme une pro ?

Une affaire compliquée…

Bon, avant tout, je te rassure : quand je suis arrivée dans le monde du vin il y a dix ans, j'étais une novice totale avec une petite sensibilité pour m'exprimer sur le vin, mais je n'étais pas non plus un grand talent, on ne va pas se mentir… Venant d'une formation en histoire de l'art, décrire un vin était proche pour moi de la description d'un tableau. Seul bémol plus *touchy* : le vin, c'est liquide et impalpable, tu bois et bam, ça disparaît ! Déguster est un exercice que je trouve super compliqué au début, car tu dois mettre des mots sur des sensations abstraites.

… et subjective

Mais j'ai rapidement compris un truc : il n'y a pas de bons ou de mauvais dégustateurs ! Quand je lisais les descriptions des vins de grands experts internationaux, je voyais qu'ils parlaient plus ou moins de la même chose – heureusement me diras-tu ! – mais avec chacun des arômes et des expressions différentes. Cela m'a bien rassurée : la dégustation est aussi une affaire de subjectivité.

serial sniffeur

Une affaire d'entraînement…

On peut avoir des facilités à décrire un vin si l'on a une super mémoire des arômes, mais pour cela il n'y a pas de secret : il faut s'entraîner ! C'est comme avoir un corps de rêve, la dégustation, c'est pareil : du travail, encore du travail, toujours du travail ! Mettre des mots sur des arômes qui sont la base de la dégustation, *checker* sa structure (acidité, tannicité, astringence…) et ses défauts, c'est avant tout une question d'entraînement.

… au quotidien

Bref, ouvre des bouteilles et surtout *sniffe* tout ce qui t'entoure : les tomates du primeur — et pas celles du Monop du coin hein ! —, les odeurs de la garrigue quand tu es en vacances en Provence, celles de la rosée du matin, du goudron qui chauffe au soleil, des fleurs, des épices, du café… Il faut TOUT sniffer au quotidien et aussi goûter, goûter, goûter, le tout en essayant à chaque fois d'y mettre des mots. Deviens un *serial sniffeur* et un « serial dégustateur » ! Plus tu *sniffes* et plus tu dégustes, plus tu développes ta bibliothèque d'arômes et de saveurs, ta mémoire olfactive et gustative, qui seront tes atouts pour mieux savoir décrire les vins. Et comme disait Salvador Dalí (j'ai fait histoire de l'art je te rappelle), « qui sait déguster ne boit plus jamais de vin mais goûte des secrets. »

Maintenant, tu peux découvrir dans les pages qui suivent mes indices et mes astuces pour devenir un dégustateur ou une dégustatrice ultra pro ! *Ready* ?

Énigmes visuelles

La couleur du vin — appelée la « robe » – mais aussi sa brillance, sa limpidité, son intensité, sa densité… sont de bonnes sources d'informations : elles donnent des premières indications sur sa provenance, ses cépages, son mode de vinification ou encore son âge. Pour bien analyser ces éléments, trois règles à suivre pour se mettre en condition.

01

UNE PIÈCE SANS ODEURS

pour éviter toute interaction avec ton super nez !

02

UNE PIÈCE LUMINEUSE,

soit naturelle ou artificielle, pour bien visualiser les infos que peuvent nous donner la couleur et le verre.

03

UN FOND BLANC

pour bien regarder la couleur et les infos du vin : moi, j'opte pour une nappe, une feuille blanche ou la chemise de mon mari quand il est à côté de moi !

Que nous dit la couleur ?

Climat frais ou tempéré ?

Ça, je le vois à la brillance du vin : c'est-à-dire son acidité. Plus le vin brille, plus *a priori* il contient de l'acidité et provient donc d'un climat plutôt frais. En revanche, s'il ne brille pas trop, s'il est plus dense, il viendra sans doute d'un climat plus tempéré, voire méga-ensoleillé.

Intensité : légère ou intense ?

Astuce avec un vin rouge : mets ta main sous ton verre. Si tu la vois encore, nous sommes sur une robe légère, avec un style qui sera moins intense, avec un fruité plus croquant et des tanins moins présents. Si tu ne vois pas ta main, attention ça va être *spicy !* Cela annonce un vin plus intense, plus tannique, plus corpulent, plus massif.

Quel âge as-tu ?

La couleur du vin donne aussi des indications sur l'âge du vin : avec le temps, les couleurs vives qui signent sa jeunesse ont tendance à prendre des nuances plus ambrées pour les blancs, plus tuilées pour les rouges.

Gras ou léger ?

Ça, je le vois aux larmes ou « jambes » — ça me fait bien marrer ce vocabulaire ultra féminin imaginé par les hommes quand ils parlent de vin… — qui tombent le long des parois du verre : c'est ce que l'on appelle le glycérol, un mélange de sucre et d'alcool qui donne des infos sur le style du vin. Plus les larmes sont épaisses et plus elles glissent lentement le long du verre, plus le vin sera alcooleux et intense. Si elles tombent rapidement et sont nombreuses, le vin offre plus d'acidité, plus de légèreté.

Jaune-vert · *Jaune paille* · *Or vert* · *Or pâle*

JAUNE-VERT, PAILLE, OR VERT, OR PÂLE

Je suis jeune frais et vif, et je le revendique !

Or jaune · *Doré*

JAUNE PLUS INTENSE

Je deviens plus mature et intense, j'ai dans les 5 ans de plus.

Vieil or · *Ambré clair* · *Ambré foncé* · *Roux*

JAUNE AUX TONALITÉS ORANGÉES, ROUSSES OU AMBRÉES

J'ai dans les 10 ans d'âge, je suis ultra mûr pour être dégusté.

Framboise · *Cerise* · *Rubis*

ROUGE FRAMBOISE À RUBIS, AVEC DES REFLETS BLEUTÉS OU VIOLACÉS

Je suis jeune et vif, ou né d'un cépage peu colorant, comme le gamay par exemple.

Pourpre · *Violet* · *Grenat*

ROUGE POURPRE À GRENAT

Je gagne en maturité ou plus sûrement je viens d'un cépage qui donne plus de couleur (cabernet-sauvignon, syrah…).

Tuilé

ROUGE TUILÉ, ÉVOLUANT VERS L'ORANGÉ OU LE BRUN

Là, on atteint la force de l'âge, voire plus. Il est vraiment temps de me boire !

Énigmes olfactives

Le nez est le moteur principal pour décortiquer le vin.
Mettre des arômes sur un vin, je te l'accorde, ça peut être méga compliqué !
Mais comme tout, avec de l'entraînement, c'est possible !
Passage en revue des principales familles d'arômes.

Échauffement

Les étapes du « sniffage »

Sentir un vin, c'est plonger son nez dans le verre et essayer d'identifier les différents parfums (arômes) qui s'en dégagent. Parfums qui nous renseignent sur la provenance du vin, son terroir, ses cépages, son âge ou son mode d'élaboration. On distingue deux étapes :

LE 1ER NEZ
C'est quand tu mets le vin dans ton verre sans l'agiter dans tous les sens, l'objectif étant de savoir s'il sent quelque chose ou rien ou s'il y a un défaut.

LE 2E NEZ
C'est quand tu reviens sur le verre, en le remuant cette fois-ci, en le tenant bien par le pied lui imprimant un mouvement circulaire comme un petit tourbillon, mais avec délicatesse s'il te plaît, pour ne pas en mettre partout !

Arômes primaires, secondaires et tertiaires

Trois familles d'arômes sont traditionnellement définies par les pro du vin :

01

LES ARÔMES PRIMAIRES
ceux donnés par le cépage, en général des parfums fruités (cerise et pinot noir), floraux (rose et gewurztraminer), végétaux (buis et sauvignon), épicés (poivre et syrah).

02

LES ARÔMES SECONDAIRES
ceux liés à la vinification, au travail des levures pendant la fermentation, surtout s'il y a eu une fermentation malolactique (arômes pâtissiers et lactiques notamment).

03

LES ARÔMES TERTIAIRES
ceux provenant par l'élevage en fût de chêne (pain grillé, vanille, caramel...) et le vieillissement (fruits secs, sous-bois, tabac, cuir...).

Familles aromatiques des vins blancs et des bulles

Groupe des jeun's (ou arômes primaires)

FAMILLE PEPS
agrumes (citron, citron vert, orange, mandarine, pamplemousse...).

FAMILLE VERTE
végétaux (herbe, buis, feuille verte, asperge, fenouil, foin...), souvent associés à un vin qui manque de maturité (voir Défauts).

FAMILLE PARFUMS
fleurs (tilleul, chèvrefeuille, acacia, verveine, fleur d'oranger...) - pense à la tisane « nuit calme » du soir.

FAMILLE VERGER
fruits blancs (pomme, poire, pêche blanche...).

FAMILLE DES JUTEUX
fruits jaunes (abricot, nectarine, pêche jaune, coing, mirabelle...).

FAMILLE VOYAGE
fruits exotiques (ananas, litchi, mangue, fruit de la Passion...).

FAMILLE CRO-MAGNON
minéraux (craie, pierre à fusil, silex, et même pétrole, typique du riesling...).

Groupe mature (ou arômes secondaires)

FAMILLE GÂTEAUX
levure, crème, beurre, brioche, yaourt, mie de pain, pâte d'amande, pâtisseries...

Groupe des vieux (ou arômes tertiaires)

FAMILLE *SPICY*
épices (cannelle, clou de girofle, curry, vanille, safran...).

FAMILLES BALADE DANS LES BOIS
champignon, truffe, terre, humus...

FAMILLE DÉCO
fruits secs et confits (abricot sec, noisette, raisin sec, amande, pistache, figue sèche, pâte de coing, fruits cuits...), fleurs séchées.

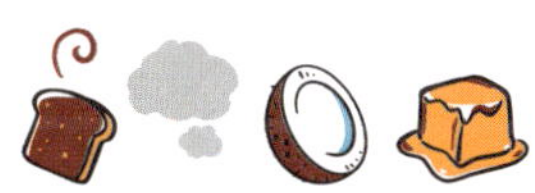

FAMILLE DES CRAMÉS
fumé (cendre, suie), grillé (biscotte, pain toasté, caramel), brûlé (caoutchouc, goudron), boisé (chêne, pin, noix de coco).

Familles aromatiques des vins rouges

Groupe des jeun's (ou arômes primaires)

FAMILLE PARFUMS
fleurs (violette, pivoine, lilas, iris).

FAMILLE GOURMANDISES
fruits rouges (fraise, fraise des bois, framboise, cerise, groseille).

FAMILLE INTENSES
fruits noirs (cassis, cerise noire, figue, mûre, myrtille).

FAMILLE *SPICY*
épices (poivre, réglisse, cannelle, clou de girofle...) et plantes aromatiques (laurier, thym, garrigue, eucalyptus...).

Groupe mature (ou arômes secondaires)

FAMILLE FRIANDISES
bonbon à la fraise, guimauve, bonbon anglais, bonbon à la banane...

Groupe des vieux (ou arômes tertiaires)

FAMILLE BALADE DANS LES BOIS
champignon, truffe, terre, humus, musc, gibier, cuir...

FAMILLE DÉCO
fruits rouges ou noirs en confiture ou compotés, cerise à l'eau-de-vie, pruneau, figue séchée...

FAMILLE DES CRAMÉS
fumé (cendre, suie), grillé (biscotte, pain toasté, caramel), torréfié (café, moka, cacao), brûlé (caoutchouc, goudron), boisé (chêne, noix de coco, pin, cèdre...).

Ça pue !
Les principaux défauts du vin

Bouchon = bouchonné

C'est l'ennemi numéro 1 de tout œnologue ou vigneron ! On n'arrive pas encore aujourd'hui à faire face à ce défaut qui touche environ 1,5 % des vins. On le remarque par une odeur de carton mouillé, de liège moisi. Derrière ce défaut se cache une méchante molécule qui se développe sur le bouchon : le TCA (trichloroanisole pour les chimistes), dû à des moisissures nichées dans le liège.

Les alternatives au bouchon en liège

La capsule à vis est arrivée en force ! Super good pour garder le style du vin sans le faire évoluer et méga pratique à ouvrir. Je la trouve pertinente pour les vins fruités qui n'ont pas vocation à vieillir. On trouve aussi les bouchons synthétiques (en plastique ou en aggloméré) qui sont une bonne alternative, car parfaitement neutres pour les arômes comme pour les saveurs. Mais avec le temps, ces bouchons se durcissent et ce n'est pas top pour les vins que l'on veut garder...

Œuf pourri = réduction

Ce goût fort désagréable peut arriver quand le vin manque d'oxygène. Solution : tu lui fais alors prendre un bon bol d'air avec ta carafe pendant 20 minutes. Si rien ne change, c'est bien un *big* défaut que l'on appelle réduction.

Pomme blette, madère = oxydation

C'est l'inverse de la réduction : le vin a déjà pris trop l'air et développe cette odeur forte de pomme blette, de vin cuit, madérisé. Tu peux retenter un carafage, mais si rien ne bouge, c'est que ta bouteille est définitivement fatiguée, oxydée pour de bon... Oxydation qui peut aussi être tout à fait normale sur certains vins comme les vins jaunes du Jura ou des vins doux naturels (banyuls, rivesaltes...) : on parle ici de vins ayant subi un élevage « oxydatif », à l'air libre (bonbonne de verre) ou dans des fûts à moitié remplis, qui donne un goût de noix et de fruits secs.

Vinaigre = acide acétique

Un arôme qui se développe quand le vin est laissé ouvert à l'air libre trop longtemps : se forme alors une bactérie qui provoque un excès d'acide acétique (naturellement présent, en faible quantité, dans le vin). C'est en quelque sorte le stade ultime de l'oxydation. On parle de piqûre acétique. Pour bien comprendre, tu peux laisser un fond de bouteille ouverte quelques jours, et sens-le : hum, il est prêt à assaisonner ta salade !

Cheval = phénolé

Eh oui, c'est possible ! Notamment dans certains vins nature. Ça sent l'écurie, la sueur animale, presque l'odeur de ton mec le matin, non ? C'est dû à une levure, la brettanomyces, qui se développe dans des chais qui ne sont pas très *clean* et parfois sur les raisins... Si parfois un goût animal est recherché dans certains vins, son excès confine au défaut : on parle alors de vins phénolés. Certains dégustateurs aiment bien cette odeur, bizarre non ?...

Pipi de chat = sous maturité

Proche aussi du bourgeon de cassis ou du buis, il se retrouve souvent dans des vins 100 % sauvignon blanc qui ont été vendangés trop tôt.

Énigmes gustatives

Dernière étape de la dégustation, la mise en bouche est très importante, car elle va te donner des infos sur l'équilibre du vin et te permettre de conclure si tu le kiffes vraiment ou pas !

Mon tuto de serial dégustatrice

La rétro-olfaction : vérifier l'équilibre et la complexité du vin

Il s'agit d'un mécanisme permettant de rechercher des arômes en bouche par voie rétronasale, située entre le palais et les fosses nasales : les arômes volatiles volent au niveau des voies nasales et se développent. Cela permet de savoir si le vin est bien équilibré : si tu retrouves les mêmes familles aromatiques qu'au nez, le vin est équilibré ; si tu ne sens rien ou peu d'arômes en bouche, le vin est déséquilibré. La rétro-olfaction permet aussi de découvrir d'éventuels nouveaux arômes qui donnent de la complexité au vin.

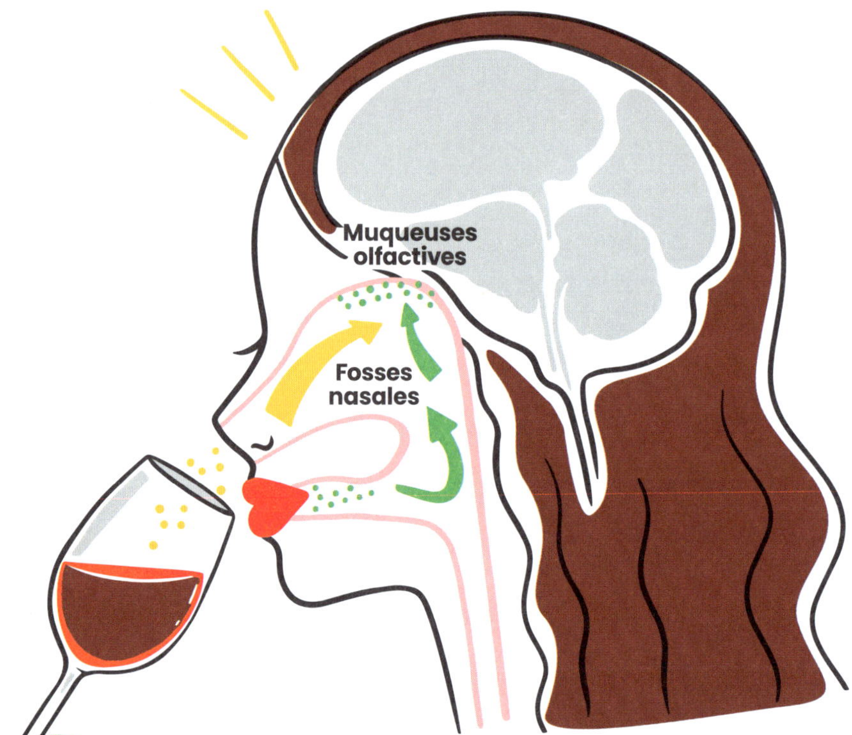

TIPS

LA TECHNIQUE

Comment fait-on ? Tu prends une petite quantité de vin, tu mets ta bouche en « cul de poule » comme si tu avais une pipette, tu regardes par terre (surtout au début pour t'exercer), puis tu inspires de l'air pour faire tourner ton vin en bouche. Et là, c'est le feu d'artifice en bouche (ou pas) : les arômes volatiles vont dans les voies nasales et se révèlent (ou pas).

Voie rétronasale : arôme

Voie orthonasale : odeur

À tes cours de CM2 : acide ou sucré ?

Trois notions sont à vérifier en priorité pour définir si le vin est équilibré ou pas en bouche, aucune ne devant dominer les autres.

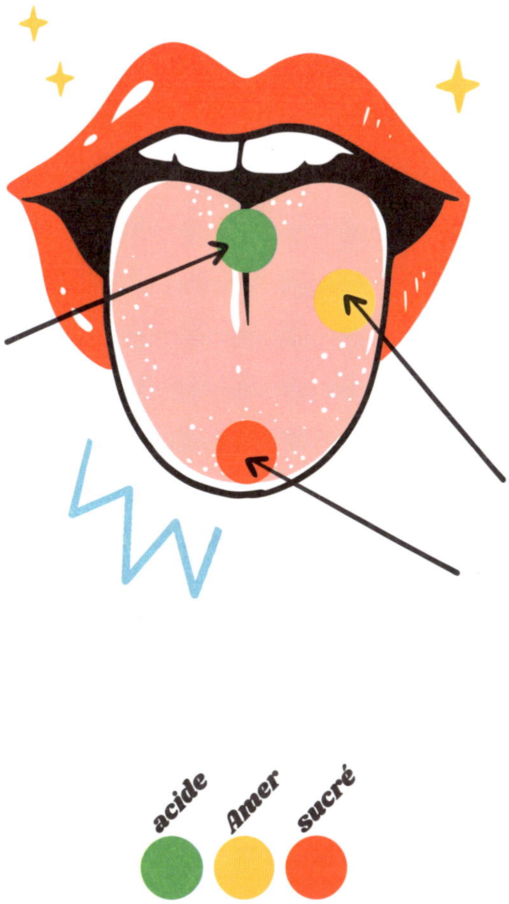

L'amertume ? La présence des tanins

Elle est essentiellement la marque des tanins (uniquement présents dans les vins rouges et certains rosés). Trop intense, elle se manifeste alors par un assèchement des gencives, un effet rugueux, râpeux sur la langue. On va parler d'un vin rêche, âpre, dur… bref, un vin pas top ! Mais les tanins bien maîtrisés, mûrs, souples, soyeux, vont apporter de la profondeur, du corps, de la consistance au vin, et contribuer à sa bonne garde.

L'acidité ? La colonne vertébrale

L'acidité se remarque sur les côtés de la langue, avec un effet *kiss cool*, puis une sensation de salivation. L'acidité, quand elle est maîtrisée et pas agressive, est la colonne vertébrale du vin : elle lui donne une sensation d'énergie, mais aussi de longueur, de persistance, et lui permet également de bien vieillir.

L'onctuosité ? Dolce casa

C'est une sensation tactile de gras et de rondeur en bouche. Quand le vin est doux (mœlleux ou liquoreux), la sensation d'onctuosité est due aux sucres résiduels. En revanche, quand le vin est sec (< 4 g/l), cette sensation d'onctuosité est due à la présence de l'alcool.

Comment reconnaître la marque d'un grand vin ?

Outre l'équilibre entre les trois notions précédentes, un autre paramètre définit un grand vin. Quand on a bu (ou recraché) le vin, on remarque parfois un effet « waouh », comme si le vin restait longtemps présent en bouche, bien après l'avoir dégusté. C'est ce qu'on appelle la persistance aromatique : en général, plus elle est importante, plus le vin est grand !

Les professionnels définissent cette longueur avec l'échelle des « caudalies » : 1 seconde = 1 caudalie, tout simplement.

- Pour les petits vins simples : parfois rien ou 1 à 2 caudalies.
- Pour les vins réussis : 2 à 5 caudalies.
- Pour les grands vins : au minimum 6 caudalies, et plus encore !

Les gros mots de la dégustation

Acidité
Nécessaire à l'équilibre du vin, quelle que soit sa couleur, elle lui apporte fraîcheur et longueur en bouche. Mais trop forte, elle lui donne un caractère mordant peu agréable. En revanche, si elle est insuffisante, le vin apparaît mou, sans vie.

Anthocyanes
C'est grâce à ces beaux pigments que nos vins voient la vie en couleur ! Ils teintent la peau des raisins et viennent ensuite en donner au jus pendant la macération.

Apogée
Période très variable selon les types de vin et les millésimes, qui correspond à l'optimum qualitatif d'un vin, à sa période idéale de dégustation. Après l'apogée vient le déclin.

Arômes
Dans le langage de la dégustation, ce terme devrait être réservé aux sensations olfactives perçues en bouche, mais il désigne fréquemment les odeurs en général, au nez comme en bouche.

Astringence
Sensation perçue quand un vin trop chargé en tanin vient assécher la bouche. Cela arrive le plus souvent sur les vins rouges jeunes issus de cépages « caractériels » comme le cabernet-sauvignon ou le malbec par exemple.

Attaque
Terme utilisé pour décrire les premières impressions perçues après avoir mis le vin en bouche.

Caudalie
Avant de devenir la marque n° 1 de cosmétique à base de raisins, une caudalie est une mesure de temps qui correspond aux secondes qui s'écoulent après une gorgée de vin : 1 caudalie = 1 seconde. C'est la persistance du vin. Plus ce temps est long, plus il s'agit d'un grand vin.

Charpente
Mot utilisé pour les vins rouges essentiellement. Comme dans une maison, c'est l'ossature du vin, assurée essentiellement par les tanins, qui garantissent sa bonne constitution et donc sa capacité à bien vieillir.

Équilibre
Essentiel dans la qualité d'un vin, qui doit présenter un bon équilibre entre tous ses constituants et saveurs, en particulier : alcool et acidité dans les blancs secs, alcool, acidité et sucres dans les blancs doux, alcool, acidité et force tannique dans les rouges. Pas de grand vin sans équilibre.

Extraction
Au cours de la fermentation des vins rouges, absorption par le moût des composés contenus dans les pellicules, les tanins et les pigments colorés notamment. Cette absorption peut être favorisée par diverses opérations, comme les pigeages et remontages (voir Les gros mots du chai). Lorsqu'elle est excessive, on parle de « surextraction » : le vin est alors trop tannique et sature le palais.

Finale
Impressions plus ou moins durables que l'on ressent en bouche une fois le vin avalé (ou recraché dans le cas d'une dégustation pro). La finale peut ainsi être courte ou longue. C'est mieux dans le deuxième cas !

Gouleyant
Se dit d'un vin souple, qui glisse bien dans la bouche.

Larmes
Traces laissées par le vin sur les parois du verre lorsqu'on l'agite ou l'incline. Elles sont dues au glycérol contenu dans le vin. Plus elles sont importantes, plus le vin est gras, onctueux. On parle aussi de « jambes », même si plus grand monde utilise ce mot...

Minéralité
C'est avant tout une notion subjective, qui n'est donc pas vraiment mesurable. Au nez, on peut parfois sentir, le plus souvent dans les vins blancs, des parfums de silex, de pierre à fusil ou des notes pétrolées. En bouche, la minéralité peut s'exprimer par des notes salines qui font saliver. Cela reste un concept un peu flou et qui recouvre différentes notions.

Nez
Terme regroupant l'ensemble des odeurs perçues en respirant le vin. Le « premier nez » désigne les premières senteurs perçues, avant l'agitation du verre pour mieux les faire apparaître.

Polyphénols
Un peu de biologie ne fait pas de mal ! Il s'agit d'une famille de molécules qui rassemble les anthocyanes et les tanins. On dit d'eux qu'ils ont des propriétés anti-oxydantes naturelles.

Robe
Désigne la couleur d'un vin et plus largement son aspect extérieur (brillance, limpidité...).

Tanins
Éminents membres de la famille des polyphénols, ce sont des molécules que l'on retrouve en grande quantité dans les pépins, mais aussi dans la pellicule de raisin. Ils donnent du muscle au vin, de la structure, et sont parfois coupables d'une certaine astringence.

Mes tips de serial dégustatrice

Le verre, vive la polyvalence

Un bon verre est un verre « tout-terrain », adapté à tous les styles de vin: un verre universel, de préférence en forme de tulipe pour flatter les arômes.

Mes recos pour bien choisir son verre

On le choisit à pied pour ne pas réchauffer le vin avec ses mains, la base quoi ! On le choisit aussi bien en forme de tulipe, large sur le bas et resserré sur le haut pour que les arômes remontent bien dans votre nez: effet intense assuré !

Moi, j'opte pour un verre « universel »: *good* pour les bulles, le blanc et le rouge. Pas besoin de faire la *geek* des verres, il y a de très belles marques accessibles et super pros (Llehmann, Riedel, Sydonios...).

Verre cristal ? Soufflé bouche ou machine ? Même chose, je choisis un verre méga résistant et quand même ultra canon et efficace pour goûter les vins, donc avant tout ultra pratique et qui passe à la machine.

Comment tenir son verre comme une pro ?

Je ne vous le cache pas, on repère rapidement le niveau de la personne à la manière dont il prend son verre. Si on le prend au niveau de l'arrondi du verre, de l'« épaule » ou de la « cheminée », on se dit: « Ce n'est pas un pro, ni un connaisseur. » Si en revanche – et je t'invite à le faire (même en soirée tardive) –, tu le prends par le pied, là, c'est la grande classe: tu ne réchauffes pas le verre avec tes mains et c'est bien plus élégant.

LA COUPE MARIE-ANTOINETTE ?

Trop chic et instagramable ! Et pourtant, même chose que pour la flûte : on évite. Les bulles disparaissent car le verre est trop large et les arômes, envolés...

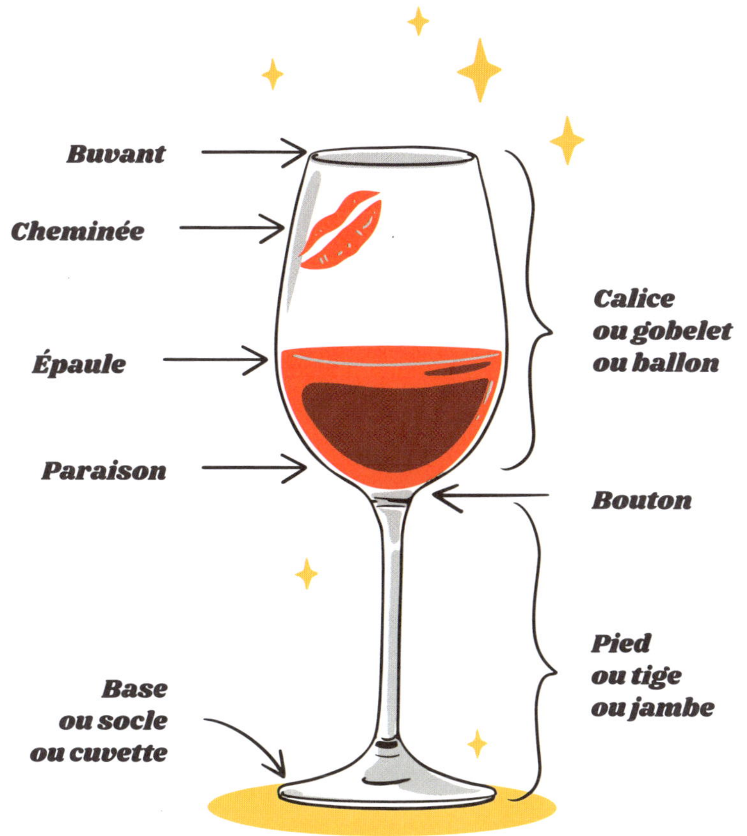

Attention : stop aux flûtes !

C'est ultra tradi et joli ce petit cordon de bulles qui sautent jusqu'au-dessus du verre, mais d'un point de vue dégustation, ce n'est pas l'idéal : la flûte concentre les arômes primaires de votre effervescent et peut cacher d'autres arômes plus évolués et complexes, pourtant délicieux et incontournables dans la compréhension de votre dégustation. De plus, l'effet bulles qui remonte de manière plus ou moins agressive brouille les messages aromatiques avec un effet gazeux trop fort. Je préconise donc là aussi un verre universel.

Laver son verre à vin !

On oublie le liquide vaisselle, qui peut laisser des odeurs, et on privilégie l'eau très chaude. Puis on laisse les verres sécher la tête en bas et on les accroche en l'air si possible, pour bien les égoutter. On évite de ranger les verres tête en bas sur une étagère ou dans son carton car cela peut donner de mauvaises odeurs. Perso, je sens toujours mon verre avant une dégustation pour être certaine qu'il n'y a aucune odeur désagréable.

Le tire-bouchon : l'indépassable sommelier

Il existe de nombreux modèles de tire-bouchons, plus ou moins efficaces, mais s'il ne fallait en choisir qu'un, pas d'hésitation : le sommelier !

Comment utiliser un sommelier ?

Le tire-bouchon de Gaulle, le tire-bouchon électronique, ça fait *cheap* non ? Pas toujours facile à prendre en main, le tire-bouchon est pourtant l'outil indispensable des pros du vin. Moi, j'opte clairement pour le « sommelier », de préférence à double levier : indépassable !

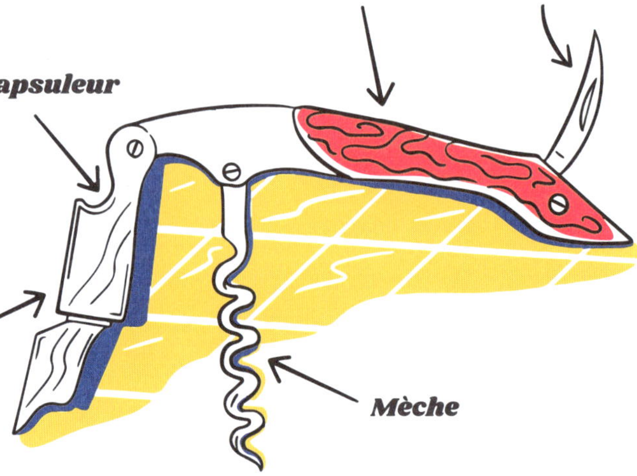

MINCE ! MON BOUCHON EST CASSÉ !

Dans ce cas, tu plantes délicatement ton sommelier — mais pas trop profond, juste de quoi avoir une bonne prise — dans le morceau de bouchon resté coincé dans le goulot et tu le remontes tout doucement. Sinon, méthode plus *hardcore* : tu fais carrément tomber le bouchon dans la bouteille et tu verses directement le liquide dans une carafe en filtrant avec une petite passoire pour éviter que le bouchon ne donne des goûts chelous à ton vin.

01

Avec la petite lame de ton tire-bouchon, tu peux enlever le capuchon métallique (« capsule ») : sous la bague du goulot plutôt qu'au-dessus pour éviter que le vin, quand tu le sers, ne touche la partie en aluminium et prenne un goût de métal.

02

Prends tes biscoteaux pour planter la mèche bien au centre du bouchon et tourne, mais pas jusqu'au bout pour ne pas faire tomber des bouts de liège dans le vin.

03

Là, tu tiens bien la bouteille sur la table devant toi — et pas entre les cuisses, sinon les « gens du vin » te regardent de manière chelou — et tu prends appui sur le goulot avec le 1er levier du tire-bouchon et tu soulèves doucement le manche pour un 1er impulse du bouchon.

04

Puis tu utilises le 2e levier, en prenant toujours appui sur le goulot, pour bien enlever le bouchon de manière progressive. Si tu utilises direct le 2e levier (plus grand), tu risques de casser ton bouchon en deux.

La carafe : de l'air pour tes vins

Objet chic mais aussi choc, la carafe a toute son utilité pour aérer les vins ou pour les décanter. On t'explique tout !

Aérer

La carafe, outre son esthétisme qui fait son petit effet à table, sert à aérer les vins, à les mettre au contact de l'air pour qu'ils libèrent leurs arômes, parfois qu'ils dissipent des odeurs peu agréables mais passagères comme la réduction (manque d'oxygène pendant la vinification), parfois présentes dans les vins jeunes ou dans les vins nature. Aérer permet aussi d'assouplir les tanins des rouges. On réservera donc la carafe aux vins les plus jeunes, notamment les rouges les plus tanniques. En revanche, on évitera de carafer les vieux vins, plus fragiles, aux arômes plus évanescents.

Décanter

Quezaco ? Rien de sorcier : il s'agit simplement d'éliminer le dépôt qui se forme parfois sur les parois des rouges âgés restés longtemps allongés dans la cave. On le met debout une paire d'heures pour faire descendre le dépôt au fond de la bouteille, puis on verse tout doucement le vin dans la carafe et on s'arrête quand on voit arriver le dépôt.

Ma reco pour une bonne carafe

À ÉVITER

Celle que tu ne pourras pas bien nettoyer ou celle qui est trop resserrée sur le bas et qui ne permettra pas un bon contact entre le vin et l'oxygène, nécessaire à l'aération.

À UTILISER

Ben du coup, celle qui est bien évasée sur le bas et que tu peux nettoyer !

TIPS

COMMENT NETTOYER UNE CARAFE ?

Un verre de vinaigre blanc et si possible une poignée de gros sel, puis tu remplis avec de l'eau chaude que tu laisses agir toute la nuit. Tu secoues pour enlever les taches qui collent et tu rinces à grande eau.

Températures de service : il fait trop chaud ou trop froid ?

Pour moi, la température de service, le choix du verre et l'ouverture plus ou moins longtemps à l'avance représentent 60 % d'une dégustation réussie ! Or on est souvent à côté de la plaque concernant la température : les blancs sont trop glagla car ils sortent direct du frigo ou du bac à glaçons ; du coup, tu as des arômes éteints, voire inexistants et bam : effet acidité assuré ! Pour les rouges, c'est l'inverse : souvent servis trop chauds, ils paraissent trop tanniques et lourds en alcool... STOP !

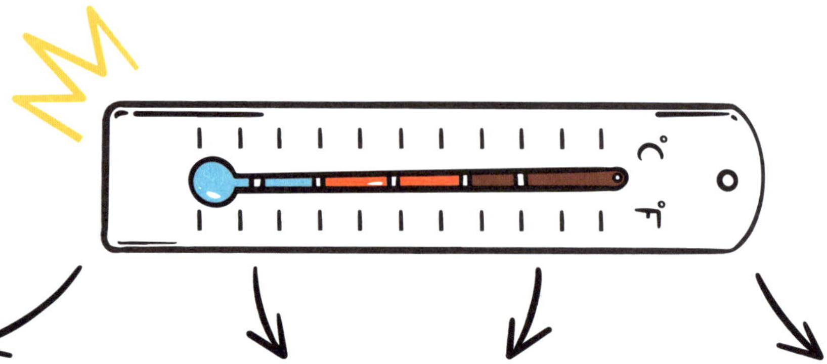

LES BLANCS VIFS ET FRUITÉS

Température au top : 8/10 °C.

Tips : tu les sors du frigo 20 minutes avant le service.

LES BLANCS AMPLES ET COMPLEXES

Température au top : 10/12 °C.

Tips : tu les sors 40 minutes avant le service.

LES ROUGES LÉGERS ET ULTRA FRUITÉS

Température au top : 13/15 °C.

Tips : tu les ouvres 1 heure avant et pas besoin de carafer.

LES ROUGES TANNIQUES ET INTENSES

Température au top : autour de 15/17 °C.

Tips : tu les ouvres 3 heures à l'avance et, si possible, tu carafes.

TIPS

ALERTE, ÇA CHAUFFE !

S'il fait trop chaud, tu mets la bouteille – ou juste le cul de ta carafe – dans ton évier, dans un fond d'eau fraîche (système D), avec une poignée de glaçons et du sel. Tu attends au moins 30 minutes et tu remues bien ta bouteille ou ta carafe pour que l'effet fraîcheur soit le même partout.

Chambrer un vin ?

Ça te branche une dégustation en chambre ? T'inquiète, ce n'est pas une soirée bizarre, mais une vieille expression pour définir un vin servi « à la température de sa chambre », soit autour de 17 °C car pas de chauffage à l'époque... Aujourd'hui, on oublie au vu de nos intérieurs ultra chauffés.

T'as la goutte ?

Souvent, on est embêté car quand on sert le vin, il y a toujours une petite goutte qui vient tacher notre belle nappe. Perso, j'utilise toujours le bien nommé stop goutte, qui... stoppe les gouttes. Trop facile ! Sinon, version ultra pro (surtout si tu n'as pas de stop goutte...) : il faut faire tourner et remonter la bouteille le plus vite possible quand tu as terminé de servir pour que la goutte tombe dans la bouteille. Je n'y arrive pas encore...

TIPS

LE VIN, IL SENT... RIEN ?

Pas de panique ! Petit vin à 5 € ou grand cru, c'est le même processus ! Un petit coup de carafe lui fera le plus grand bien. L'effet de l'oxygène va aérer le liquide et faire sortir ses arômes - bons ou mauvais, mais c'est une autre histoire...

Conservation des bouteilles

On ne rigole pas avec les vins à conserver ! Il y a des règles à respecter. Mais peu d'entre nous possèdent la cave enterrée qui va bien, idéale pour garder ses bonnes bouteilles. *No problem* : voici trois solutions quand on n'a pas beaucoup d'espace !

CAS 1
JE N'AI PAS DE CAVE, PEU DE VIN ET JE VIS DANS UN PETIT APPARTEMENT 15-20 M²

Pas de panique, c'est possible de conserver tes bouteilles de manière (presque) optimale ! Bon à savoir déjà, le vin DÉTESTE la lumière et la chaleur, mais surtout les amplitudes thermiques, genre hiver sans avoir payer ta facture EDF et été caniculaire sous les toits, soit le combo parfait pour développer des défauts comme les goûts de réduction, d'oxydation... Alors, on fait quoi ? Il faut trouver l'endroit le plus frais et sans lumière de ton appart. Perso, pendant longtemps, mes bouteilles ont été conservées dans leur carton fermé (pas de lumière), allongées (pour ne pas dessécher le bouchon) et sous mon lit (l'espace le plus frais de mon appartement) !!

CAS 2
J'AI PAS MAL DE VINS ET JE VIS DANS UN APPARTEMENT DE 40-50 M² OU UNE PETITE MAISON ET JE BOIS UN PEU... PLUS VITE QUE MON OMBRE !

Tu es un *lucky luke* amateur ++ ! Je te recommande d'investir dans une cave de service (a *minima* de 80 à 120 bouteilles), qui mettra à bonne température toutes tes bouteilles, du blanc au rouge, et de les sortir sans te prendre la tête pour savoir à quelle température tu dois les servir. Alors on fait quoi ? Aujourd'hui, il existe des caves de service ultra-efficaces, trop jolies et surtout silencieuses. Voilà qui te fera au passage un bel objet de déco de ton salon. Mes recos ? ArtVino et EuroCave.

CAS 3
J'ACHÈTE PARTOUT, CHEZ LE VIGNERON, EN VENTES AUX ENCHÈRES, CHEZ MON CAVISTE... JE CROULE !!

Whaou ! Un vrai *geek* de vin ! J'adore ! Là, c'est du sérieux ! Alors, on fait quoi ? Il te faut investir déjà dans une mini-cave de service pour le quotidien (du lundi au lundi, ok ?) et dans une cave de garde (dite « de conservation ») pour les bouteilles à vieillir, si vraiment tu en as beaucoup. Autre option au top : les sociétés qui gardent ton vin dans leur cave, tout nickel et ultra pro, avec un accès et une livraison quand tu veux ! Ma reco : Wine Sitting.

IL ME RESTE DU VIN DANS LA BOUTEILLE, JE FAIS QUOI ?

Si c'est du blanc : on peut le remettre au frigo mais 24 heures max, bien fermé par un bouchon.

Si c'est du rouge : le remettre au frais dans sa cave ou un lieu frais, également bien fermé par son bouchon, 3 jours max.

MES RECOS

J'opte pour la pompe à air, qui s'avère méga-efficace, facile à trouver et pas chère (autour de 10 €). Il y a aussi la solution de Coravin et la gamme Pivot, qui permet de garder son vin jusqu'à 4 semaines avec un système d'injection de gaz dans la bouteille. C'est plus cher certes, mais plus efficace aussi.

Les familles de vins

Les effervescents

S'ils possèdent tous un point commun — la fraîcheur apportée par les bulles —, les effervescents peuvent apparaître plus ou moins légers ou intenses, plus ou moins simples ou complexes.

Effervescents fruités et légers

LEUR PROFIL ?
On parle ici d'un effervescent très aromatique, qui présente une bulle tonique, alerte. Le vin est léger, énergique, frais, voire vif. Côté arômes, on balance entre les arômes floraux, d'agrumes, de fruits du verger, parfois même exotiques.

LEURS CÉPAGES PRÉFÉRÉS ?
Chenin, chardonnay, sauvignon blanc, riesling, pinot blanc, clairette.

LEURS QG ?
Terre de prédilection en Champagne pour ce type d'effervescents sur la légèreté et le fruit, notamment dans la côte des Blancs. On peut aussi en trouver en mode crémant : en Bourgogne, en Alsace, dans la vallée de la Loire, du côté de Limoux, dans le Diois (crémant-de-die) et même depuis peu dans le Bugey (voisin de la Savoie), avec une AOC qui monte ! Hors de France, on pourra se tourner vers le prosecco italien ou le cava espagnol, effervescents vifs et légers bien adaptés pour l'apéro notamment.

LEURS « MATCH POINTS » ?

- **ACCORD BCBG**
Fruits de mer, apéro fourre-tout.

- **ACCORD *FREESTYLE***
Plateau de fromages.

Effervescents complexes et intenses

LEUR PROFIL ?

Très persistant, ce style peut être qualifié de « bulle vineuse », proche d'un vin blanc tranquille (sans bulles donc) complexe, tant sa palette aromatique est intense et sa bouche structurée. Place ici aux arômes de fruits à chair jaune (abricot, nectarine, pêche), aux effluves de pâtisserie (beurre, brioche, pain chaud...), jusqu'aux notes boisées si élevage en fût de chêne.

LEURS CÉPAGES PRÉFÉRÉS ?

Chardonnay, chenin, pinot noir, meunier, avec long élevage en cave et/ou élevage en fût de chêne.

LEURS QG ?

On repart en Champagne of course, toujours dans la côte des Blancs, où rayonne notre chéri chardonnay version complexe. On peut aussi aller dans la montagne de Reims et dans la vallée de la Marne où le pinot noir et le pinot meunier en version « blanc de noirs » sont dans cette veine, donnant des champagnes plus structurés. On peut ensuite descendre vers le Sud : en Bourgogne, où certains crémants 100 % chardonnay se révèlent bien complexes, plus exotiques du côté de Limoux, acteur historique de la « méthode traditionnelle » — c'est pareil que la « méthode champenoise » mais interdit de le dire en dehors de la Champagne — avec des bulles toutes sympas, complexes et bien fruitées.

LEURS « MATCH POINTS » ?

• ACCORD BCBG

Volailles ou poissons à la crème.

• ACCORD *FREESTYLE*

Agneau rosé avec un blanc de noirs.

Les vins blancs

Deux grands styles ici : les blancs alertes, vifs, légers, aromatiques, le plus souvent nés sous des climats frais ou tempérés, et ceux plus complexes, charnus, gras, amples, en général élevés en fût et/ou provenant de climats plus solaires.

Vins blancs frais et aromatiques

LEUR PROFIL ?

Bombe au nez comme en bouche, ce style de blanc détonne par son caractère très aromatique (agrumes, fleurs blanches, fruits frais du verger), dynamique, sur la vivacité.

LEURS CÉPAGES PRÉFÉRÉS ?

Muscat, chenin, sauvignon blanc, riesling, pinot blanc, sylvaner, pinot gris, melon de Bourgogne, chardonnay non boisé, aligoté, gewurztraminer, vermentino.

LEURS QG

Direction la Loire avec le sauvignon blanc qui donne des blancs vifs, comme en AOC touraine ou sancerre, et avec le chenin (vouvray ou montlouis-sur-loire secs). Passage en Alsace avec des cépages « ultra pep's » (riesling, gewurztraminer, sylvaner...), puis dans le Chablisien, avec un chardonnay vif et minéral. Toujours en Bourgogne, l'aligoté donne un blanc tendu et aromatique, idéal pour l'apéro. On file en Provence avec les cassis blancs, expressifs et fins. Très présent en Corse, en Provence et dans le Languedoc, le vermentino donne lui aussi des vins très aromatiques, de même que le muscat et ses parfums de rose. On termine dans le Bordelais avec des blancs très vifs à dominante de sauvignon, dans l'Entre-deux-Mers notamment.

LEURS « MATCH POINTS » ?

• **ACCORD BCBG**
Fruits de mer, poissons à chair blanche.

• **ACCORD *FREESTYLE***
Cuisine asiatique (bò bún, gambas sautées au soja)

Vins blancs amples et complexes

LEUR PROFIL ?

Intense, gras, opulent... ce type de vin est notre Schwarzenegger de la famille des blancs ! Rien qu'au nez, tu pourras sentir la puissance aromatique tout en nuances de ce blanc, avec des notes de fruits à chair jaune (abricot, nectarine, pêche) et des arômes briochés, beurrés, toastés, allant jusqu'aux épices douces (cannelle, muscade, clou de girofle...) et aux fruits secs.

LEURS CÉPAGES PRÉFÉRÉS ?

Chardonnay, chenin, viognier, marsanne, roussanne.

LEURS QG ?

On le trouve « version Rolls Royce » avec le chardonnay, qui trouve son terroir de prédilection en Bourgogne, notamment sur des appellations prestigieuses comme corton-charlemagne, montrachet, meursault... Dans le Rhône, une appellation que j'adore, condrieu, née du cépage viognier, donne un blanc explosif, rond et suave. Toujours dans la vallée du Rhône, l'hermitage blanc, issu de marsanne et de roussanne, plus rare et *méga rush* certes, vaut le détour : un blanc ample, gras, apte à une longue garde ! Petit détour par la Loire, qui offre de très beaux blancs amples et complexes nés du chenin, en terre d'Anjou notamment (en AOC savennières par exemple), et par le Bordelais, avec les pessac-léognan, blancs intenses et de bonne garde nés de sauvignon et de sémillon.

LEURS « MATCH POINTS » ?

• ACCORD BCBG

Poisson gras (saumon, truite..), volaille, ris de veau avec la crème qui va bien.

• ACCORD *FREESTYLE*

Cuisine asiatique sucrée-salée.

Les vins rouges

Les profils des vins rouges sont très variés, mais on peut les classer en deux familles : les frais, fruités et légers, souvent peu colorés et non boisés, faciles à aimer, et ceux plus charpentés, puissants, tanniques, en général de bonne garde.

Vins rouges légers et ultra fruités

LEUR PROFIL ?

Des vins frais, gourmands, souples, avec un concentré de fruits rouges et noirs juteux, peu de tanins et généralement pas de passage dans le bois.

LEURS CÉPAGES PRÉFÉRÉS ?

Gamay, pinot noir, poulsard, sciaccarellu, cabernet franc.

LEURS QG ?

Un peu partout, mais surtout sous un climat frais et tempéré. Le plus *in ?* Le beaujolais, un gamay fruité et jovial pour amateurs de vins festifs. Certains crus du Beaujolais proposent ce côté fin, léger, peu tannique, comme en chiroubles, saint-amour ou fleurie. Le gamay offre aussi son profil frais et gouleyant à certains rouges de Loire (côte-roannaise, touraine-gamay…). Autre option : des vins nés de jeunes pinots noirs de Bourgogne ou d'Alsace. Belle expression du pinot aussi dans la Loire, en sancerre ou en association avec le gamay en saint-pourçain. Le cabernet franc peut également donner des vins souples et fruités, notamment dans la Loire (touraine, anjou, saumur…). On n'oubliera pas le Jura avec son poulsard (côtes-du-jura ou arbois), le Bugey et la Savoie avec leurs gamays et pinots noirs bien « glouglou », ni la Corse et son sciaccarellu, cépage phare de l'AOC ajaccio.

LEURS « MATCH POINTS » ?

• ACCORD BCBG

Apéro fourre-tout .

• ACCORD *FREESTYLE*

Pasta italiana avec sauce tomate.

Vins rouges intenses et tanniques

LEUR PROFIL ?

Place aux rouges bodybuildés, corsés, charpentés, riches, au degré d'alcool élevé, bâtis pour la garde. La palette aromatique est large : fruits noirs, épices, parfois un goût de « retour de chasse » ou de « balade en forêt », et une pointe boisée si un élevage en fût a été fait.

LEURS CÉPAGES PRÉFÉRÉS ?

Syrah, grenache, mourvèdre, carignan, cabernet-sauvignon, merlot, malbec, tannat.

LEURS QG ?

Plutôt les climats chauds. Direction le Sud donc, avec un passage au nord de la vallée du Rhône et ses rouges puissants mais toujours frais, à dominante de syrah (côte-rôtie, cornas, hermitage). Dans la partie méridionale, place au grenache qui domine dans les généreux châteauneuf-du-pape, lirac, gigondas ou encore vacqueyras. En Provence, on retrouve ces deux cépages en côtes-de-provence et coteaux-varois-en-provence ; région qui donne aussi un beau vin charpenté : le bandol, terre de prédilection du mourvèdre. Dans le Languedoc-Roussillon, on pense aux AOC pic-saint-loup, terrasses-du-larzac, saint-chinian, faugères, fitou... Dans le Bordelais, le Médoc offre l'archétype des rouges de garde puissants, dominés par le cabernet-sauvignon : pauillac, saint-estèphe, saint-julien, margaux... Côté rive droite, le merlot a la part belle, donnant des vins un peu plus ronds et caressants (saint-émilion grand cru, pomerol). Dans le Sud-Ouest, le vigoureux tannat donne des rouges charpentés en AOC madiran.

LEURS « MATCH POINTS » ?

• ACCORD BCBG

Gibier sauce grand veneur.

• ACCORD *FREESTYLE*

Cuisine épicée type tajine aux olives.

Les vins rosés et les vins doux

Rosés pâles et légers, ou plus corsés et généreux,
vins doux mœlleux ou liquoreux: pour ces deux familles de vins,
deux styles, deux ambiances.

Vins rosés

LEUR PROFIL ?

Le plus répandu et à la mode est le rosé pâle, léger, aux arômes de bonbon anglais, fruits exotiques et fruits rouges frais. On trouve des rosés plus intenses et colorés, plus puissants et corsés en bouche, aux arômes généreux de fruits rouges et d'épices, souvent de beaux vins de gastronomie.

LEURS CÉPAGES PRÉFÉRÉS ?

Cinsault, grenache, syrah, mourvèdre, pinot noir, cabernet franc, cabernet-sauvignon, merlot... bref, la plupart des cépages rouges peuvent faire du rosé !

LEURS QG ?

Star de la Provence (côtes-de-provence en tête), et de tout le pourtour méditerranéen, le rosé est partout présent là où la richesse des cépages peut lui donner une belle expression. Le Rhône produit beaucoup de rosés (AOC côtes-du-rhône notamment) et offre également une version intense et plus charpentée avec son tavel. La Corse et le Languedoc regorgent de pépites rosées, de même que la Loire (sancerre, anjou, rosé-de-loire, coteaux-du-vendômois...). Le Bordelais lui consacre deux AOC : le bordeaux rosé et le plus structuré bordeaux clairet. Mais mon *crush* à moi, ce sont les rares mais beaux rosés frais nés de pinot noir en Bourgogne.

LEURS « MATCH POINTS » ?

- **ACCORD BCBG**
Tomates-mozza.

- **ACCORD *FREESTYLE***
Poulet au curry.

Vins doux

LEUR PROFIL ?

Les moelleux, moins sucrés, avec plus d'acidité et de fraîcheur, sont stylés par leurs arômes de fruits mûrs (pomme, poire, fruits exotiques), de miel ou de pain d'épice. Les liquoreux, plus sucrés et intenses, bâtis pour la garde, proposent des notes plus complexes de fruits secs et confits (abricot, noisette...) et d'épices douces, avec aussi plus de volume en bouche.

LEURS CÉPAGES PRÉFÉRÉS ?

Chenin, sémillon, sauvignon, petit ou gros manseng, riesling, gewurztraminer, pinot gris, muscat.

LEURS QG ?

Ces vins sont assez rares du fait de leur élaboration complexe et coûteuse, et sont devenus « très niches » et de moins en moins consommés en raison de leur côté riche en sucre, moins « digeste ». Bien dommage car la France regorge de pépites, à commencer par la Loire avec ses sublimes bonnezeaux, quarts-de-chaume, vouvray, coteaux-du-layon, moutlouis-sur-loire et j'en passe, nés du chenin. L'Alsace offre aussi de très belles expressions avec ses cépages locaux (riesling, gewurztraminer, pinot gris...) et ses versions vendanges tardives ou sélection de grains nobles. Sans oublier le Bordelais avec ses fameux sauternes et autres barsac, loupiac, cérons... et le Sud-Ouest avec ses monbazillac, jurançon ou pacherenc-du-vic-bilh.

LEURS « MATCH POINTS » ?

• ACCORD BCBG

Foie gras.

• ACCORD *FREESTYLE*

Plats sucrés-salés, épicés, fromages puissants, poulet-frites (accord traditionnel dans le Sauternais).

Les atypiques

Dans la vaste famille des vins, on trouve des profils qui sortent des sentiers battus, souvent peu connus, voire oubliés, mais qui font vibrer les papilles par leur caractère atypique. Ouvre tes chakras !

Méthode ancestrale

Une méthode d'élaboration des effervescents — appelée aussi « rurale », « artisanale », « gaillacoise » selon les régions — consistant à réaliser une seule fermentation alcoolique dans la cuve, puis dans la bouteille, contrairement à la méthode traditionnelle ou champenoise (voir p. 34) qui laisse la première fermentation aller jusqu'au bout et les levures consommer tous les sucres présents dans le moût. On met ici en bouteille un vin tranquille (sans bulles) à demi-fermenté, qui contient donc encore des sucres et des levures naturelles. Pas besoin d'ajouter une liqueur de tirage comme en Champagne : les levures toujours présentes vont relancer la fermentation, qui dégage du gaz et créer les bulles (prise de mousse). Selon que les levures ont consommé tout ou partie des sucres, le vin, frais, fruité, léger en alcool, sera classé en brut, demi-sec ou doux. Une méthode utilisée à Limoux (qui revendique son invention par les bénédictins de l'abbaye de Saint-Hilaire en 1531), dans la clairette-die méthode ancestrale, à Gaillac ou pour certains cerdons du Bugey. Une technique basée sur une fermentation 100 % naturelle, donc très en vogue aussi chez les vignerons « nature » avec les « pet' nat » (« pétillants naturels »).

Rancio sec

Une spécialité catalane ancestrale (bien antérieure aux vins doux naturels) qui faillit tomber dans l'oubli et qui revient à la mode. Des cahiers des charges ont été définis en IGP Côte Vermeille et Côtes catalanes pour produire ce vin blanc sec à fort degré, né des cépages du Roussillon (grenache, maccabeu, carignan, tourbat…), qui tire son caractère si particulier d'un long élevage oxydatif de 5 ans minimum, en fût et sans ouillage (voir p. 36). Des vins complexes et de très longue garde (20 à 30 ans ou plus !), aux arômes typiques de « rancio » : noix fraîche et fruits secs, mais aussi tabac blond, café, miel, épices… Merveilleux avec des anchois salés de Collioure, du jambon Bellota ou un fromage de brebis bien affiné !

Vin doux naturel

Les vins doux naturels (appelés aussi VDN) font partie de la famille des vins « mutés », grande spécialité du Roussillon (banyuls, maury, rivesaltes, muscat-de-rivesaltes), mais présente aussi dans le Languedoc (muscat-de-saint-jean-de-minervois, muscat-de-frontignan, muscat-de-lunel, muscat-de-mireval), dans la vallée du Rhône (rasteau), en Corse (muscat-du-cap-corse) ou encore en Espagne (xérès) et au Portugal (madère, porto). Le mutage aurait été inventé par le médecin catalan Arnaud de Villeneuve à la fin du XIIIe siècle ! Une technique qui consiste à stopper la fermentation d'un vin rouge ou blanc par l'ajout d'un alcool neutre - d'où l'adjectif « naturel » - dans le moût : les levures sont tuées, une partie des sucres résiduels conservée — d'où l'adjectif « doux » — et les vins titrent entre 15 et 20 degrés d'alcool. S'ensuit soit un embouteillage rapide et un élevage court pour conserver le fruit et la fraîcheur (la plupart des muscats, les banyuls rimage, maury et rivesaltes grenat) ; soit un élevage long, parfois très long (au moins cinq ans pour le banyuls grand cru !), dit « oxydatif » dans des bonbonnes en verre à l'air libre ou des vieux fûts de chêne à moitié remplis : au contact de l'oxygène, les blancs prennent des tons ambrés, les rouges des couleurs tuilées (d'où les mentions Ambré ou Tuilé sur les étiquettes), et l'élevage apporte des arômes complexes : noix, fruits secs, café, cacao, tabac, fruits confits… Envoûtant !

Vin de liqueur

Ce n'est pas compliqué : c'est comme un VDN muté non pas avec un alcool neutre mais avec une eau-de-vie de vin, d'où son nom de vin « de liqueur » ou VDL. C'est le cas en France du floc-de-gascogne muté à l'armagnac, du pineau-des-charentes muté au cognac, du macvin-du-jura muté à l'eau-de-vie de Franche-Comté « rassise » (vieillie 18 mois en fût de chêne) ou encore du ratafia de Champagne, muté au marc de Champagne. Les 3 premiers bénéficient d'une appellation, le ratafia d'une IGP. Des vins onctueux, doux mais puissants, qui gardent le bon fruité du raisin.

Vin jaune

Grande spécialité du Jura, le vin jaune fait partie de la catégorie des « vins de voile » comme les xérès Fino espagnols, certains tokaji hongrois ou marsalas italiens, voire, plus rarement, certains gaillac en France. C'est un vin blanc sec né du seul savagnin, dont l'élevage, très long, est effectué dans un fût en bois sans ouillage (voir p. 36), sous la protection d'une couche de levure formée à la surface pendant… 6 ans et 3 mois, avant d'être mis en bouteille. Ce voile produit une très lente oxydation et donne une couleur jaune doré soutenu et des arômes typiques de noix ou encore de curry. Ces vins puissants, intenses, complexes, d'une très grande capacité de garde (jusqu'à cent ans et plus pour les meilleurs !), peuvent être produits en côtes-du-jura, arbois, l'étoile et château-chalon, ce dernier étant le plus réputé et dédié au seul vin jaune.

Vin de paille

Une autre spécialité du Jura, pratiquée aussi de façon très confidentielle en appellation hermitage, dans le nord de la vallée du Rhône, et bien plus largement dans d'autres pays, comme en Italie et en Espagne. C'est un vin liquoreux obtenu par séchage des raisins après leur vendange, dit « passerillage ». Sous les climats chauds, ce séchage peut se pratiquer dehors, mais dans le Jura, les grappes sont mises à l'abri, soit suspendues, soit étalées sur des « clayettes » en paille (plus souvent en bambou aujourd'hui). Le séchage (environ trois mois) permet une concentration de sucre et des saveurs dans les raisins, ensuite pressés et vinifiés avant un élevage de 3 ans en fût. Ce vin peut être produit en côtes-du-jura, arbois et l'étoile.

Le clavelin

Le vin jaune est embouteillé dans une bouteille spéciale appelée « clavelin », de 62 centilitres, soit la part de vin n'ayant pas été perdue par évaporation pendant les 6 ans et 3 mois passés sous voile. Cela explique le prix souvent élevé de de ces vins rares, 38 % du volume initial étant perdus.

Vin orange

Appelé aussi « vin blanc de macération », donc né de cépages blancs (et non orange !), il s'agit d'un blanc vinifié comme… un rouge : le jus des raisins est laissé en contact avec les peaux, les pépins, voire les rafles, pendant une durée plus ou moins longue. D'où sa couleur tirant vers l'orangé et son côté plus structuré, plus opulent. Une pratique très ancienne probablement née il y a 8 000 ans avant J.-C. en Géorgie, considérée comme le berceau de la viticulture (voir p. 8), où les vignerons perpétuent toujours cette tradition et laissent vieillir leurs vins dans de grandes amphores enterrées appelés *qvevris* (ou *kvevris*). Une technique de vinification « naturelle » qui reste rare mais qui séduit de plus en plus de vignerons.

Mes accords chic et choc

Mes recos d'accords tradi et *trendy*, des accords d'évidences ou parfois de contrastes, pour faire palpiter vos papilles autour de plats de la cuisine du monde, *street food* ou bien de tradition française !

street food

Burger

ACCORD TRADI :
un rouge pas trop fort ni trop *light* ! J'ose un vin BCBG comme un saint-émilion (dominante de merlot) bien rond qui accompagnera le juteux de la viande et le moelleux du pain avec ses tanins fondus et aux arômes fruités tendres et gourmands.

ACCORD *TRENDY* :
un champagne rosé ! Je sais, c'est la classe et ça marche ! Avec un rosé de saignée qui a de la structure et de la longueur en bouche (obtenu en laissant macérer brièvement les moûts avec la peau des raisins), effet waouh assuré !

Fish and chips

ACCORD TRADI :
une bulle ! Si possible un 100 % chardonnay comme un champagne blanc de blancs ou un crémant-de-bourgogne tout en tension et fraîcheur pour casser le côté gras de la friture tout en accompagnant la fraîcheur du poisson de ce plat so british.

ACCORD *TRENDY* :
un vin jaune, j'ai testé ! Ce grand blanc du Jura élevé sous voile, né du savagnin (voir p. 77), va donner une autre saveur au plat avec ses arômes de noix et de fruits secs.

Pizza margarita

ACCORD TRADI :
un vin rosé fruité et fringant ! On a l'embarras du choix pour cet accord classique : côtes-de-provence bien sûr, coteaux-varois, coteaux-d'aix ou encore un rosé de Corse.

ACCORD TRENDY :
un vin rouge super light et super fruity ! On joue avec un cabernet franc de Loire, tout frais et fruité, ou avec un gamay du Beaujolais pour accompagner le côté tomaté du plat.

Croque-monsieur

ACCORD TRADI :
un rouge glouglou et gouleyant ! Mais pas de n'importe où : j'opte pour un rouge de la Loire volcanique, un côtes-du-forez : une appellation encore peu connue mais qui mérite le détour par sa version fraîche, minérale et fruité du gamay. Un beaujolais ou un touraine gamay seront ici aussi bien à leur place.

ACCORD *TRENDY* :
un vin orange ! Osé, mais j'adore la personnalité atypique de ce vin qui associe la diversité aromatique d'un vin blanc (agrumes, fleurs blanches…) et presque la générosité, la structure d'un rouge (voir p. 77). Un vin riche et toujours frais, à tester !

Cuisine du monde

Couscous

ACCORD TRADI:
un rosé méga complexe car oui, certains rosés ont le profil de tenir tête à ce plat bien relevé ! Un rosé vineux, intense, expressif et long en bouche : le tavel s'impose, seule appellation rhodanienne à produire exclusivement du rosé, et du rosé de qualité capable de vieillir.

ACCORD *TRENDY*:
un vin rouge qui a du tempérament ! J'irais dans le Sud pour des vins gorgés de soleil mais qui gardent de la fraîcheur : un bandol par exemple, appellation qui me fait rêver avec ses mourvèdres tout en dentelle.

Tajine aux olives

ACCORD TRADI:
un rouge épicé, tannique, qui a du mordant ! On vise un 100 % syrah au nord de la vallée du Rhône, du type crozes-hermitage ou saint-joseph, ou si tu as les moyens, un puissant côte-rôtie.

ACCORD *TRENDY*:
un maury fruité ! On prend souvent ce vin doux naturel du Roussillon (voir p. 76) au dessert, et pourtant il peut être fabuleux sur ce type de plat épicé et plein de relief, dont la gourmandise sera soulignée sans être alourdie par le vin.

Paella

ACCORD TRADI:
un blanc bien gras et expressif ! Un 100 % viognier complexe comme le condrieu ou un châteauneuf-du-pape blanc, riche et tout en nuances aromatiques, seront parfaits pour accompagner ce plat lui aussi très contrasté en saveurs.

ACCORD *TRENDY*:
un rouge glouglou et fruité ! Je pars sur un grand classique de la Loire : un 100 % cabernet franc bien fruité de Saint-Nicolas-de-Bourgueil. Un gamay du Beaujolais, avec un croquant canon, un chiroubles ou un juliénas par exemple, fera aussi très bien l'affaire.

Sushis

ACCORD TRADI:
des bulles ! Allez, la vie est trop courte pour ne pas twister son palais même un lundi soir avec un crémant ou un champagne bien tendu et frais. Autre option : un blanc sec et fringant comme un alsace pinot blanc ou un alsace riesling bien minéral et délicat pour accompagner le côté tout aussi délicat du poisson cru.

ACCORD *TRENDY*:
pourquoi pas un saké ? Une boisson traditionnelle japonaise méga tendance, mais ne prenez pas n'importe lequel : optez pour un saké doux, dynamisé par une belle amertume en fin de bouche.

Pasta bolognaise

ACCORD TRADI:
un rouge gourmand et tout en fruits rouges ! Attention, qui dit tomates, dit acidité : on évite les rouges tanniques dont la dureté serait renforcée par cette acidité. On privilégie donc un rouge *light* et fruité : je propose un 100 % pinot noir de Bourgogne d'un prix accessible comme un bourgogne-hautes-côtes-de-nuits ou un rouge du Mâconnais. Pour un accord plus sudiste, on peut partir sur un luberon ou un ventoux, charnus, souples et finement épicés aux tanins soyeux, et toujours frais.

ACCORD *TRENDY*:
un vieux rosé bien charpenté ! De Bandol ou de Tavel, il gardera son fruité avec une belle ampleur presque tannique qui va souligner l'acidité du plat sans la déformer. Testé et approuvé, je suis fan !

Cuisine 100% tradition française

Bœuf bourguignon

ACCORD TRADI :
un rouge de Bourgogne *of course* ! L'un des plats préférés des Français, symbole du plat familial et convivial, appelle bien sûr l'accord régional avec un bon pinot noir bourguignon, dont les tanins fins et souples feront merveille avec le moelleux de la viande et le velouté de la sauce. Vous avez l'embarras du choix : mercurey, rully, givry…

ACCORD *TRENDY* :
un rouge sudiste et chaleureux ! On change de ton et de région pour un accord plus puissant qu'avec un vin de Bourgogne : on opte pour un châteauneuf-du-pape, dont la texture veloutée fera corps avec celle de la viande. Dans le même esprit, un rasteau, un lirac ou un vacqueyras seront très à l'aise.

Apéro fromages

ACCORD TRADI :
en bon Français, et je l'ai fait pendant longtemps, on ouvre un rouge et même souvent le bon bordeaux aux tanins bien forts. Désormais, j'ose vous le dire : on boycotte totalement ! Le lactose des fromages renforce la dureté des tanins du vin, le rendant plus fort et rustre. Je recommande un blanc de gastronomie comme un 100 % chardonnay sur de grandes appellations qui pourra matcher avec tous types de fromages : meursault, puligny-montrachet… On vide sa tirelire !

ACCORD *TRENDY* :
un champagne ! Vous verrez que la bulle va casser le gras du fromage en bouche apportant un twist super sympa et pas lourd du tout ! Même chose qu'avec un blanc tranquille : viser une bulle gastronomique comme un blanc de blancs ou un grand chardonnay complexe et vineux.

Entrecôte frites

ACCORD TRADI :
un rouge costaud ! C'est le moment où on ouvre sa cave et on sort les grosses quilles ! Tu es amateur de Bordeaux ? Opte pour un saint-julien, un saint-estèphe, un pauillac… Tu es plus branché vins mûrs et généreux du Sud ? Gigondas, rasteau, lirac, vacqueyras, pic-saint-loup, languedoc les options sont multiples !

ACCORD *TRENDY* :
un champagne rosé ! Déjà testé, l'expérience en vaut la bouteille ! Il faut choisir un champagne rosé intense et « costaud », issu de saignée qui pourra tenir tête à l'entrecôte.

Poulet frites

ACCORD TRADI :
un blanc gras ! Cela me rappelle tellement le dimanche midi chez mes parents ! Mon papa ouvre un grand blanc de Bourgogne (puligny-montrachet) ou du Rhône (condrieu, châteauneuf-du-du-pape) : un délice !

ACCORD *TRENDY* :
un blanc liquoreux ou moelleux ! Original et osé, mais les Bordelais ont essayé et ça marche ! Un sauternes, par exemple, mettra en valeur le goût rôtie et salé de la peau croustillante et la chair tendre du poulet. Un monbazillac, un jurançon, un alsace vendanges tardives seront tout aussi parfaits.

Et d'autres accords mets et vins qui vont bien...

	ACCORD TRADI	ACCORD TRENDY
BLANQUETTE DE VEAU	meursault, saint-véran, mâcon, pouilly-fuissé	limoux, châteauneuf-du-pape
CHILI CON CARNE	côtes-du-rhône-villages, lirac, bandol tavel, bandol	bourgueil, saumur
CHOUCROUTE	alsace riesling, alsace pinot blanc	vin-de-savoie (jacquère),
BOUILLABAISSE	cassis, coteaux-varois-en-provence, côtes-de-provence	collioure, corbières la clape
CÔTE DE BŒUF	pomerol, saint-émilion grand cru, pauillac, saint-julien	terrasses-du-larzac, pic-saint-loup
CURRY DE POULET	alsace pinot gris, alsace gewurztraminer	vin jaune du Jura, rancio sec
FOIE GRAS EN TERRINE	sauternes, barsac, loupiac, monbazillac	meursault, pouilly-fuissé champagne millésimé pomerol âgé
FONDANT AU CHOCOLAT	banyuls, maury, rivesaltes	pineau-des-charentes, floc-de-gascogne
GIGOT D'AGNEAU	pauillac, saint-estèphe, margaux	saint-chinian, faugères, fitou
HACHIS PARMENTIER	fleurie, côte-de-brouilly, côte-roannaise	côtes-du-rhône, côtes-de-millau
MAGRET DE CANARD GRILLÉ	cahors, saint-mont, pécharmant	malepère, cabardès champagne
PASTA CARBONARA	lirac, vacqueyras, côtes-du-rhône	viré-clessé, côtes-du-jura
PLATEAU DE FRUITS DE MER	muscadet, gros-plant-du-pays-nantais, entre-deux-mers	picpoul-de-pinet
POULET BASQUAISE	irouléguy	bordeaux-clairet, tavel
TARTE AU CITRON	jurançon doux, pacherenc-du-vic-bilh doux, muscat VDN (cap-corse, frontignan...)	saint-péray
TOMATES FARCIES	côtes-du-rhône-villages, côtes-de-provence, vin-de-corse	tavel, bandol, bordeaux-clairet

VIN BLANC SEC — VIN BLANC DOUX — VIN ROSÉ — VIN ROSÉ — EFFERVESCENT BLANC — EFFERVESCENT ROSÉ

Que boire avec...

Accorder son vin avec le plat, c'est bien, mais l'accorder avec ceux avec qui on le déguste ou en fonction de l'occasion, c'est encore mieux !

Son plan Q ?

L'accord tradi : champagne bien sûr ! Un grand classique qui fonctionne depuis la nuit des temps ! Amour fusionnel ? On opte pour un rosé de saignée intense et gourmand. Coup de cœur d'un soir ? Une bulle vive et fraîche, un brut nature ou 0 dosage. Amour éternel ? Un grand champagne complexe et vineux, un millésimé de plus de dix ans, pour savourer le temps qui passe...

L'accord trendy : on garde les bulles mais en moins classique avec un pet' nat' bien festif, fruité, léger et glouglou, souvent engagé (pet' nat' pour pétillant naturel : voir p. 76), qui fera son effet ! Une bulle ovni venue de Gaillac avec un 100 % mauzac ou une bulle de Savoie avec le cépage gringet par exemple : effet rock'n'roll assuré !

Ses beaux-parents ?

L'accord tradi : si tu veux marquer des points, tu sors l'artillerie lourde avec des étiquettes de collectionneurs ! Grand cru classé de Bordeaux, côte-rôtie, hermitage, châteauneuf-du-pape, et un vin d'une grande propriété s'il te plaît, et gaffe aux millésimes : beau papa est connaisseur !

L'accord trendy : plutôt l'accord « ça passe ou ça casse » car tu es en mode « provoc » ! Tu choisis un vin nature bien trouble et bulleux, qui sent l'écurie et le fond de la basse-cour : le choc ! Moins agressif, tu sers à l'aveugle un vin à moins de 5 € en disant que c'est une grande cuvée légendaire : ils vont délirer entre Petrus, Cheval blanc, Vieux Télégraphe... et là, bam ! Tu montres le vin en expliquant que tu as pris le premier prix de la supérette d'à côté. Pas sûr que tu restes au dessert...

Ses best friends ?

L'accord tradi : grosse teuf jusqu'au bout de la nuit ? Ma reco : pas de mélange ! Soit c'est tout bulle ou tout blanc ou tout rouge, mais on évite l'arc-en-ciel ! Pour tenir sur la durée, je recommande des rouges fruités et légers, un style de vin est répandu en France : gamay du Beaujolais, cabernet franc de Loire, pinot noir d'Alsace - en Bourgogne, on évite de se bloquer le compte en banque et on vise les plus accessibles de la Côte chalonnaise et du Mâconnais. Dans le Sud, beaucoup de pépites, à base de la syrah notamment, gourmandes de fruits et accessibles. Le choix est vaste !

L'accord *trendy* : tu es *geek* de vin ? On tente les *underground* ! Un vin orange, des régions moins connues mais qui montent (Loire volcanique, Savoie, Jura ...), un vin engagé et nature, un vin né de cépages oubliés, des vins de pays improbables (Brésil, Tanzanie...) : le monde du vin bouge énormément, autant en profiter !

Son boss au resto ?

L'accord tradi : waouh, ton boss t'invite au resto ! On espère déjà que ce n'est pas pour un dîner aux chandelles, mais un déj bien sympa qui sent la promotion (et non la « promotion canapé ») ! Alors, tu mets toutes les chances de ton côté. Pour commencer, tu te rues sur la carte des vins et que, si tu es une femme, le sommelier a voulu la donner à ton boss – réflexe misogyne d'un autre temps et pourtant toujours trop répandu… Puis tu tentes de cerner la personnalité de ton boss : « Vous aimez quoi ? Plutôt les pépites ou les grands classiques ? » Si la carte est bien fournie et que les millésimes sont indiqués - beaucoup (trop) de restos ne le font pas –, mon conseil est de ne pas taper dans les grosses quilles, car ton boss risque de croire que tu veux profiter de l'invitation ou que tu as des goûts de riche. Propose-lui des vins de niche, d'appellations ou de régions moins convenues comme la Loire, la Savoie, le Jura, l'Alsace, le sud de la Bourgogne (Côte chalonnaise ou Mâconnais), qui grouillent de bons plans et de vins suffisamment légers pour aller avec nombre de plats et te permettre de retourner « léger » toi aussi au bureau ! L'accord *trendy* : on garde notre idée de petites pépites à découvrir mais on part sur d'autres régions hyper compétitives en prix/plaisir comme le Languedoc-Roussillon qui regorge de bons plans : terrasses-du-larzac, pic-saint-loup, minervois, saint-chinian, corbières… Et pour afficher ton caractère engagé, tu choisis un vin en bio ou en biodynamie, voire un vin naturel pour montrer ton goût du risque et ton esprit d'ouverture !

Devant Netflix ?

L'accord films romantiques, comédies, *feel good movies* : on choisit un vin tout gourmand, tout doux, aux angles adoucis. Un vin réconfortant quoi ! Amoureux de blanc, je recommande le chenin de Loire, qui offre une belle dualité fraîcheur/fruité sans agresser le palais, toujours avec justesse. On peut aussi opter pour sa version blanc moelleux, pour plus de douceur mais avec toujours du pep's. Tu préfères le rouge ? J'irais sur une syrah du Sud, moderne, gourmande, sans bois, fruitée, florale, avec un brin d'épices. L'accord films catastrophe, horreur, thriller : on va détendre l'atmosphère avec… des bulles pardi ! Si grand film, grand moyen : on sort un top champagne blanc de noirs vineux et complexe pour tenir la tension du film. Sinon un rouge, mais pas n'importe lequel : un vin de caractère, puissant et tonique ! On part dans le Languedoc avec un terrasses-du-larzac, une appellation qui *buzze* bien par la qualité de son terroir et ses tops vignerons, et à des prix encore sages en plus : pourquoi s'en priver ?

Le dimanche soir ?

L'accord « gros stress » : je t'entends déjà me dire que l'on ne boit pas le dimanche soir ! Je réponds : « Tout dépend de ce que tu as fait de ton weekend » ! Si tu as été sage le samedi, pourquoi pas se concocter un petit apéro copains ou en amoureux, avec modération bien sûr, pour papoter avant de se remettre dans la course de la semaine – perso, j'adore car j'évite ainsi le blues du dimanche soir. – Si tu es en mode « gros stress », tu ouvres un bon vin du Beaujolais frais et fruité qui va te redonner le sourire et la pêche : un fleurie, par exemple, où le gamay s'exprime à merveille sur son grand terroir de granite rose. Et cela te donnera en plus envie d'y aller en week end ! L'accord « dimanche pluvieux » : il ne faut pas attendre le samedi soir pour faire « péter les bulles » ! J'adore le faire quand le dimanche soir est triste, pluvieux, que rien ne se passe… On twiste alors la soirée avec un joli crémant fruité et gourmand de Bourgogne, un vouvray pétillant de Loire ou un cerdon du Bugey, jolies bulles tendres et rosées.

J'achète le vin

Lire une étiquette

Sur l'étiquette (et la contre-étiquette au dos de la bouteille), on trouve des termes parfois obscurs pouvant nous induire en erreur, d'autres très utiles. Zoom sur la carte d'identité du vin.

étiquette

contre-étiquette

Les mentions obligatoires

Régies par la réglementation européenne, donc pas le choix, sinon gare aux amandes !

1.LA CATÉGORIE

Les AOC (appellations d'origine contrôlée) – AOP (appellation d'origine protégée) en version européenne – sont les garantes d'un savoir-faire local, validé par un cahier des charges très précis pour chaque AOC (rendements, cépages, élevage...), garantissant au mieux leur terroir. Les IGP (indications géographiques protégées) concernent des zones plus vastes (Pays d'Oc, Val-de-Loire...), avec des cahiers des charges plus « cool » et un choix de cépages plus large. Souvent des « vins plaisir », des vins de cépages originaux ou oubliés ou des expérimentations qui sortent de l'AOC. Pour les Vins de France (ex « Vins de pays »), pas de zone de production précise, les raisins pouvant venir de toute la France et même mélanger plusieurs régions. Des vins souvent simples, mais parfois aussi des « vins d'auteurs » par des vignerons souhaitant s'affranchir des AOC et IGP. Beaucoup de vins nature aussi, plus « libres » en vinification.

2. L'EMBOUTEILLEUR

(qui met le vin en bouteille) : le responsable légal du vin, donc souvent mais pas forcément le vigneron, dont le nom et l'adresse doivent apparaître. Le terme « Mis en bouteille au château » ou « à la propriété » ne signifie pas nécessairement qu'il s'agit de l'exploitation du producteur ; ce peut être un groupement comme une coopérative par exemple. La provenance (produit de France, vin de l'Union européenne...) doit aussi être indiquée.

3. LE TITRE ALCOOMÉTRIQUE

(pourcentage d'alcool dans le vin). Souvent la première info que cherchent les acheteurs : un vin à 14 % sera *a priori* moins digeste qu'à 12 %. Bon à savoir, les vignerons peuvent arrondir au demi-degré inférieur : ainsi, quand tu vois 14 %, le vin titre peut-être à 14,5 % en réalité !

4. LE VOLUME DE VIN DANS LA BOUTEILLE

est le plus souvent 75 cl. Mais il existe bien d'autres formats : magnum, (1,5 l, soit 2 bouteilles), jéroboam (3 l), réhoboam (4,5 l), mathusalem (6 l), salmanazar (9 l), balthazar (12 l), nabuchodonosor (15 l) et melchior (18 l, soit 24 bouteilles de 75 cl !).

5. LE NUMÉRO DU LOT

s'inscrit en tout petit, avec la lettre « L » au début, permet de tracer un groupe de bouteilles produites ou conditionnées en même temps. Surtout utile pour les douanes.

6 MENTIONS SANITAIRES.

L'ennemi n°1 des consommateurs aujourd'hui, qui peut déclencher des allergies et ce petit mal de tête si consommation à haute dose. La mention « Contient des sulfites » est obligatoire, même pour les vins nature - oui, il y a des sulfites « naturelles » dans le vin, et même en nature, on peut ajouter une mini dose... On doit aussi indiquer la présence de produits potentiellement allergènes, comme ceux à base de lait et d'œufs utilisés pour le collage, ainsi que le logo femme enceinte, propre à la France.

Les mentions non obligatoires

Des infos facultatives certes, mais parfois, et même souvent, essentielles.

7. LE MILLÉSIME

l'année de récolte des raisins et non l'année de production du vin. Très utile pour savoir si c'est un grand ou petit millésime, si le vin est à boire ou à garder.

8. LE OU LES CÉPAGES

peuvent apparaître sur la bouteille, et de plus en plus souvent, à l'image des vins étrangers, notamment du Nouveau Monde, qui communiquent beaucoup sur les cépages (moins sur la zone géographique) et remportent de francs succès.

9 LE PRODUCTEUR

on parle ici de château, de nom de domaine, de nom de vigneron, de marque... Une chose assez incontournable pour savoir qui fait le vin. La base, quoi !

10. LE NOM DU VIN

le vigneron propose souvent une gamme de différents vins (des « cuvées ») dont le nom peut refléter un type de vinification, un niveau de qualité, être le prénom de sa fille, de sa mamie, un lieu-dit ou un délire entre potes ! Bref, le nom d'un vin raconte souvent une histoire.

11. DIVERSES MENTIONS TECHNIQUES

D'autres éléments, plus ou moins fiables, peuvent apparaître. « Élevé en fût de chêne » : concerne uniquement des vins ayant séjourné dans un vrai contenant en bois et pas du « *fake* » (type copeaux de bois). « Vieilles vignes » : du pipo si leur âge est inférieur à 25 ans ! Les divers logos AB, HVE 3, Demeter... sont bien plus fiables car validés par des organismes certificateurs. Quant aux mentions Clos, Château ou Cru, elles sont réservées aux AOC.

Les 14 derniers millésimes en France

	ALSACE	BEAUJOLAIS	BORDEAUX	BOURGOGNE	CHAMPAGNE	JURA
2020	❤️❤️ Plutôt pas mal !	❤️❤️ Un joli millésime à réserver et à servir dans quelques années !	❤️❤️❤️ Un millésime exceptionnel pour les rouges et les blancs, mais on mettra de côté les liquoreux.	❤️❤️ Une belle année dans les deux couleurs : à conserver et à apprécier dans quelques années !	❤️❤️ Bof, c'est moyen…	❤️❤️ Une belle année pour les rouges et les blancs ; pour les liquoreux, il faut être encore patient !!
2019	❤️❤️ Une belle réussite d'ensemble pour la région !	❤️❤️❤️ Des vins dans l'ensemble très charmeurs, avec un joli fruité !	❤️❤️❤️ Décidément, le bordeaux connaît une belle histoire d'amour avec les années en 9 !	❤️❤️❤️ Une année exceptionnelle, surtout en rouge !	❤️❤️❤️ Une année exigeante pour les vignerons, mais mémorable pour les amateurs !	❤️❤️❤️ Un millésime au top malgré les aléas climatiques !
2018	❤️❤️❤️ Un grand millésime en rouge !	❤️❤️❤️ Focus sur les côte-de-brouilly, particulièrement réussis, avec une superbe fraîcheur !	❤️❤️ Un millésime brillant ans l'ensemble de la région, qu'il faudra attendre un peu avant de déguster !	❤️❤️❤️ Une météo pour des cuvées au top !	❤️❤️ Une belle qualité mais peu de quantité.	❤️❤️❤️ Des rendements généreux et une météo idéale : la recette parfaite pour faire de bons vins jaunes !
2017	❤️❤️ Une météo capricieuse : on se concentre alors sur les lieux-dits et les grands crus !	❤️❤️❤️ Des vins de haut niveau, bien meilleurs que l'année précédente !	❤️❤️ Un millésime très hétérogène : on privilégie les blancs. Si tu préfères les rouges, je te conseille le nord du Médoc !	❤️❤️❤️ 2017 offre l'une des expressions les plus élégantes du chardonnay !	❤️ Vite, vite, on trouve un autre millésime !	❤️❤️ Des rouges d'une grande qualité !
2016	❤️❤️ On privilégie les blancs, surtout le pinot gris !	❤️ Une année assez contrastée sur l'ensemble de la région : bof bof…	❤️❤️❤️ Des vins très équilibrés, élégants et frais : j'adore !	❤️❤️ Des rouges magiques mais à garder encore quelques années dans sa cave !	❤️❤️ Focus sur les pinots meunier et les pinots noirs !	❤️❤️❤️ On privilégie les rouges, à la trame aromatique riche et ultra-équilibrée !
2015	❤️❤️❤️ Au top, j'adore !	❤️❤️❤️ Tu es fan de gamay ? Ce millésime est fait pour toi !	❤️❤️❤️ C'est LA star du vignoble français, surtout pour les rouges riches, intenses, puissants, magnifiques !!	❤️❤️❤️ Un millésime historique pour les rouges : colorés, équilibrés et charnus !	❤️❤️❤️ Comme dans les autres régions, un millésime ultra qualitatif !	❤️❤️❤️ Rouge, blanc, liquoreux, on se fait plaisir avec les 2015 !
2014	❤️❤️❤️ Des vins savoureux, à déguster dès maintenant ou dans quelques années !	❤️❤️❤️ Il y en a pour tous les goûts : des cuvées superbes à boire sur le fruit et des vins à l'élevage prolongé qui vieilliront à merveille !	❤️❤️❤️ Une année au top, à boire dès mainteant !	❤️❤️❤️ Des blancs parfaitement mûrs et équilibrés, et des rouges délicats et très digestes : je recommande à 100 % !	❤️❤️❤️ Un seul mot : superbe !!	❤️ Les blancs secs et les liquoreux sont à éviter, et les rouges ont connu des jours meilleurs…

	LANGUEDOC / ROUSSILLION	LOIRE	SAVOIE	PROVENCE	RHÔNE	SUD-OUEST
2020	♥♥♥ Un millésime gorgé de soleil !	♥♥♥ Un excellent millésime, surtout en rouge !	♥♥♥ On privilégie les rouges pour ce très joli millésime !	♥♥♥ Blanc, rouge, rosé : une superbe année tricolore !	♥♥ On privilégie les rouges !	♥♥ On part sur les rouges, à déguster dès maintenant !
2019	♥ Une année assez correcte, mais loin d'être remarquable.. .	♥♥ La qualité est au rendez-vous !	♥♥♥ Waouh ! Les blancs sont au sommet !	♥ La région a connu mieux…	♥ Une année très décevante…	♥ Un millésime assez moyen… Bref, on évite !
2018	♥♥♥ Une grande année en blanc comme en rouge !	♥♥♥ Un millésime exceptionnel : on fonce sur les vins moelleux !	♥♥♥ Un millésime ultra solaire, au top pour des rouges ronds et fruités !	♥♥ C'est à Bandol que l'on retrouve les cuvées les plus agréables !	♥♥ Un superbe millésime, à conserver encore quelque temps dans sa cave…	♥♥♥ Les rouges bénéficient d'une année exceptionnelle, j'adore !
2017	♥♥♥ LE millésime exceptionnel de ces dernières années !	♥♥ Une qualité plutôt pas mal sur l'ensemble des couleurs !	♥♥♥ Une très grande année pour les rouges !	♥ Un millésime marqué par une forte sècheresse…	♥♥♥ Une année au top avec des rouges de caractère, aux jolis tanins bien mûrs !	♥♥ Pas le plus grand millésime de la région, mais les rouges sont d'une belle gourmandise !
2016	♥♥♥ Les blancs et les rouges profitent d'une très belle météo plus que favorable !	♥♥♥ Rouges, blancs, moelleux : une très belle année !	♥♥♥ Des blancs d'une qualité exceptionnelle : je suis fan !	♥♥♥ Un très bon niveau dans les trois couleurs.	♥♥♥ Un très joli millésime, avec un top niveau pour les blancs !	♥♥♥ Un millésime très sympa pour les rouges !
2015	♥♥♥ Je recommande à 100 % !	♥♥ Un millésime au top, mais on évite les blancs !	♥♥♥ Un millésime incroyable, particulièrement pour les rouges qui se dégustent dès maintenant !	♥♥♥ Une superbe année pour les vins rouges !	♥♥♥ Un des meilleurs millésimes de l'histroire, surtout en rouge !	♥♥♥ Les blancs moelleux sont à leur apogée !
2014	♥♥♥ Rouges ou blancs : tu peux faire ton choix les yeux fermés !!	♥♥♥ Une année très réussie, en blanc comme en rouge !	♥♥♥ Des blancs au top du top, je recommande !	♥♥♥ De superbes blancs et rouges parés pour une longue garde !	♥♥ Une année très hétérogène : privilégie les meilleurs terroirs et vignerons !	♥ Une année plutôt correcte, mais la région a connu bien mieux…

	ALSACE	BEAUJOLAIS	BORDEAUX	BOURGOGNE	CHAMPAGNE	JURA
2013	❤️ Bof bof, en plus les quantités sont ultra faibles…	❤️❤️❤️ Un millésime ultra gourmand et dense : des beaujolais comme on les aime !	❤️ Pas une grande réussite… Au moins, les prix sont plus accessibles.	❤️ Des récoltes limitées et une qualité pas vraiment au rendez-vous…	❤️ Un millésime nettement inférieur aux années précédentes…	❤️ Trop la loose…
2012	❤️❤️❤️ Un joli millésime si tu es fan de rielsings secs !	❤️ Ultra décevant…	❤️ Un millésime qui n'a rien de mémorable, prêt à boire.	❤️❤️ Malgré un faible rendement, les vins sont concentrés et d'un bel équilibre tendu et frais !	❤️❤️ Comparé aux autres régions, de belles réussites !	❤️❤️❤️ Gros plan sur les moelleux, au top de leur forme !
2011	❤️❤️ Clairement pas un millésime de garde, alors on déguste dès maintenant !	❤️❤️❤️ Une superbe année qui conclut en beauté un magnifique trio avec 2009 et 2010	❤️ Avec son climat atypique, 2011 renforce les écarts entre les bons domaines et les autres… On privilégie les grands vignerons !	❤️❤️❤️ On privilégie les rouges, aux tanins fins et ultra soyeux !	❤️❤️❤️ Un des plus beaux millésimes champenois !	❤️❤️❤️ Une grande année pour les moelleux !
2010	❤️❤️❤️ De jolis vins sur le fruit et la fraîcheur !	❤️❤️❤️ Décidement, la région aligne les bons millésimes avec des 2010 ultra équilibrés !	❤️❤️❤️ On touche à la perfection, avec des vins super équilibrés, à conserver encore quelques années !	❤️❤️❤️ Parmi les millésimes les plus intéressants pour les vins blancs de Bourgogne !	❤️ Une année faible en quantité et en qualité…	❤️❤️❤️ Les blancs secs et les moelleux rayonnent, *my fav !*
2009	❤️❤️❤️ Je recommande à 100 % !	❤️❤️❤️ Un millésime assez atypique pour la région mais vraiment délicieux !	❤️❤️❤️ Un très beau millésime dans l'ensemble du vignoble bordelais !	❤️❤️❤️ Une très belle année pour les blancs comme pour les rouges !	❤️❤️ Des bulles avec un joli potentiel de vieillissement !	❤️❤️❤️ Un très très grand millésime pour les rouges, au top !
2008	❤️❤️❤️ Un beau millésime pour retrouver les caracteristiques classiques des vins alsaciens !	❤️❤️ Malgré beaucoup (beaucoup) de pluie, 2008 est assez réussi !	❤️❤️ Un millésime correct, mais qui diffère selon les appellations : on privilegie tout de même les rouges.	❤️❤️❤️ Waouh, quel millésime remarquable pour les blancs !	❤️❤️❤️ Un des grands millésimes du siècle !!	❤️ Bof bof, on peut trouver mieux…
2007	❤️ Je ne te conseille pas ce millésime : la région a connu bien mieux…	❤️ Une année très difficile à maîtriser pour les vignerons ; c'est clairement pas le top…	❤️ À éviter…	❤️❤️ Une année très minérale, en blanc comme en rouge. À noter : la qualité exceptionnelle des chablis !	❤️❤️ On se dirige sur le chardonnay qui relève le niveau !	❤️❤️❤️ *Vamos* pour les rouges, au top de leur forme !

❤️❤️❤️ extraordinaire ! À acheter d'urgence !

❤️❤️ pas mal, à *checker* de près !

❤️ bof, peut mieux faire…

	LANGUEDOC / ROUSSILLION	LOIRE	SAVOIE	PROVENCE	RHÔNE	SUD-OUEST
2013	❤❤❤ Une réussite pour les deux régions !	❤ On oublie…	❤❤ Une année plutôt correcte. À privilégier : ayze, chautagne, chinin-bergeron et ripaille.	❤❤ On privilégie les blancs : la météo pluvieuse les a rendus frais et francs !	❤❤ Nettement supérieur à 2012, avec des vins plus équilibrés, plus frais et plus dynamiques !	❤❤ Malgré une météo difficile, avec beaucoup de grêle (particulièrement à Cahors), la qualité est au rendez-vous !
2012	❤ La sècheresse hyper intense a donné un millésime difficile et rare.	❤ Une année difficile pour la région…	❤❤ On se concentre sur les blancs !	❤❤❤ Les rosés sont au sommet !	❤ Bof bof, rien de bien passionnant…	❤❤ Un millésime accompli, avec des vins frais, aromatiques et gourmands !
2011	❤❤❤ On remercie la superbe météo qui a donné de très grands vins !	❤ Un millésime très médiocre, surtout en rouge…	❤❤❤ Rouge ou blanc, impossible de se tromper avec ce top millésime !	❤❤ Un millésime assez équilibré, avec surtout des bandols rouges au top !	❤❤ Un millésime vraiment pas mal : on peut trouver de jolis vins fruités et équilibrés, sans excès de puissance !	❤❤❤ Une année que l'on peut aisément qualifier de réussie, c'est top !
2010	❤❤❤ De très bons vins dans l'ensemble, avec une prime pour les rouges, profonds et bien colorés !	❤ Bof, il y a mieux…	❤❤❤ Splendide, tout simplement !	❤❤❤ Une année ultra séduisante pour les rouges, qui ont pu garder une belle fraîcheur !	❤❤❤ Focus sur les crozes-hermitage et les saint-joseph !	❤❤ Un joli millésime dans les trois couleurs, mais très sec : il faut savoir être selectif !
2009	❤❤❤ De jolis vins ronds, à boire jeune, sur le fruit !	❤❤❤ Une année top niveau, avec des rouges superbes !	❤❤❤ Un des plus grands millésimes de la région !	❤❤❤ Un très très grand millésime, particulièrement en bandol !	❤❤❤ Un joli millésime qualitatif et gourmand, à déguster dès aujourd'hui !	❤❤ Les vins rouges sont grands, les liquoreux exceptionnels, mais les blancs ne suivent pas le niveau…
2008	❤❤ Des vins un peu en dessous des années précédentes, mais bien gourmands !	❤❤❤ Un millésime particulièrement réussi !	❤❤ Plutôt pas mal : on se concentre sur le nord de la Savoie.	❤ Des vins corrects, mais à boire plutôt jeune : leur apogée est déjà dépassée…	❤ Une météo difficile et des vins plutôt médiocres…	❤❤❤ On privilégie les blancs secs et les liquoreux, qui surpassent aisément les rouges !
2007	❤❤❤ Indéniablement, l'un des grands millésimes ! Dans le Roussillon, certains parlent même de millésime exceptionnel !	❤❤ On privilégie les blancs !	❤❤❤ Comme l'année précédente, les rouges et les blancs profitent d'un très bon millésime !	❤❤❤ Une année bien ensoleillée pour des vins de Provence comme on les aime : gourmands et d'une grande envergure !	❤❤❤ C'est le millésime PÉPITE du Rhône, une superbe réussite du Nord au Sud !	❤ Globalement une très belle année, particulièrement pour les blancs et les liquoreux !

Où acheter ? $

Que tu sois amateur d'étiquettes ou de bons plans pas chers, je te recommande de diversifier au maximum les sources d'achats ! Tour d'horizon avec mes recos.

Supermarché : joue au détective !

01

Tu vises les vins avec des collerettes. Cette sélection a été validée par un groupe d'experts, soit de l'enseigne elle-même, soit d'un média (Bettane et Desseauve, Guide Hachette des Vins...).

02

Tu priorises les vins *a minima* en bio (logo AB) ou en biodynamie (logo Demeter le plus souvent).

03

Tu t'orientes vers les millésimes à boire dans leur prime jeunesse, car un peu *touchy* de connaître l'état de conservation dans ces lieux.

04

Tu te méfies des promos, surtout si tu ne connais pas le domaine.

Caviste : des conseils enfin !

01

N'hésite pas à préciser au caviste le contexte de la dégustation (apéro entre potes, dîner aux chandelles, cadeau...). Si c'est pour accompagner un repas, c'est toujours mieux de spécifier le menu ou le plat pour qu'il te conseille le super accord.

02

Parle de ce que tu aimes : la région, le cépage ? Quel style ? Plus tu donnes d'infos, plus il pourra t'orienter et trouver la pépite qui te convient.

03

Annonce d'emblée le prix max à ne pas dépasser : cela va resserrer le champ des possibles.

04

Je demande toujours « Quel est votre dernière trouvaille ? Pourquoi ? » afin que le caviste me parle à cœur ouvert et aussi pour... apprécier son niveau. Je m'oriente en général vers les vins bio ou biodynamiques, et/ou d'appellations confidentielles, ou que je ne connais pas ou peu, pour peut-être dénicher la future méga star !

En direct du vigneron : au + près de la source

01

Je groupe mon achat avec ceux des copains pour avoir une petite remise, notamment pour les grandes cuvées rares et/ou sur allocations. Je te conseille de montrer que tu es super passionné et pas un « buveur d'étiquettes » qui veut mousser en société...

02

Je demande s'il y a de vieux millésimes en stock. La conservation est idéale chez le vigneron et souvent rare à trouver ailleurs à de bons prix. L'occasion aussi d'ouvrir enfin des millésimes prêts à boire.

03

Je vérifie les prix en ligne : il s'avère que, parfois, certains vignerons font les prix à la tête du client ! Il m'est arrivé d'acheter du vin deux fois plus cher que chez un caviste, ou inversement !

Sites de e-commerce

01

Je vérifie les frais de livraison et à partir de quelle somme ils sont gratuits.

02

Je vérifie les délais d'envoi et privilégie ceux en 24/48 h, avec l'option en point relais pour bien suivre mon colis. En délai express, la qualité d'emballage et le service client sont souvent au top !

03

Je compare les prix des vins sur d'autres sites : vive la concurrence !

04

Si c'est ma première commande sur le site, je vise les pépites ultra-abordables : cela me permet de vérifier la qualité de la sélection, car c'est plus « challengeant » de sourcer des petits vins peu connus plutôt que des vins *mainstream*.

05

Quelques sites recommandables : Vinatis, Veepee, 1 jour 1 vin, Vente à la propriété, Find a bottle, Palette...

Ventes aux enchères

01

Je vise des vieux millésimes prêts à boire que je ne pourrais jamais trouver ailleurs.

02

J'achète à plusieurs, avec ma famille ou des copines, car souvent ce sont des lots de minimum 6 bouteilles.

03

Je me fais pote avec l'expert vin pour qu'il me file ses bons plans !

04

Bon à savoir : il faut rajouter à minima 20 % de plus au tarif annoncé pour les frais de rémunération des salles des ventes.

05

Quelques maisons recommandables : Artcurial, Sotheby's, Christie's, Drouot, IDealwine.

Salons et foires

01

Avant de passer à l'attaque, je sélectionne à l'avance ce qui m'intéresse sur catalogue ou en ligne : des nouveautés et des vins que je connais sur de nouveaux millésimes pour voir leur évolution.

02

Je demande toujours aux domaines que je ne connais pas de me faire goûter leur entrée de gamme (plus sympa de dire « votre premier vin », d'ailleurs) pour une première approche de la qualité. Puis je teste le haut de gamme et le vin « coup de cœur » du vigneron ou sa cuvée la plus insolite. Avec ses trois vins, tu peux rapidement voir si c'est bon ou super mauvais !

03

Demande aussi directement les tarifs car tu peux trouver les vins canon et puis bam ! C'est la douche froide quand tu découvres les prix...

04

N'hésite pas à te renseigner sur ses méthodes de travail à la vigne et en cave pour mieux comprendre son positionnement : quels engagements ? Bio ou autre ?

05

Quelques salons recommandables : Salon des Vignerons Indépendants, Le Grand Tasting, Champagne Tasting.

Dis-moi comment tu bois, je te dirais qui tu es !

1. ON DIT SOUVENT QUE TU ES :

- ☐ **A** Un vrai intello, tu adores apprendre et découvrir, surtout quand c'est sur ton sujet favori : le vin. 🍷
- ☐ **B** Toujours d'humeur joyeuse, l'esprit chantant, ultra sportif, tu adores voyager et ne restes jamais en place. 💪
- ☐ **C** D'un naturel chaleureux et généreux, engagé dans les causes qui te tiennent à cœur, notamment l'environnement. 🌍
- ☐ **D** Ultra *healthy*, tu sais profiter de la vie, mais jamais dans l'excès. 💫

2. TU ES INVITÉ CHEZ DES AMIS CE SOIR ET TU DOIS APPORTER LE VIN. OÙ VAS-TU ACHETER TA BOUTEILLE ?

- ☐ **A** Dans ta cave pardi, que tu as classée par régions et millésimes.
- ☐ **B** Chez ton caviste préféré. 💖
- ☐ **C** Pas le temps, tu cours vite à la supérette la plus proche.
- ☐ **D** Tu demandes à une copine fan d'œnologie de choisir pour toi.

3. CE SOIR, C'EST DÎNER AUX CHANDELLES. TU VEUX :

- ☐ **A** Un grand cru classé de Bordeaux *of course*. 🎉
- ☐ **B** Du Ruinart du début à la fin. 🍾
- ☐ **C** Un vin *outsider* en biodynamie ou nature. 🌱
- ☐ **D** Tu es en phase détox, ce sera une tisane à la fleur d'oranger.

4. EN MOYENNE, COMBIEN ACHÈTES-TU DE BOUTEILLES PAR MOIS ?

- ☐ **A** Euh... on est obligé de répondre ? 🌟
- ☐ **B** Max une par semaine pour l'apéro du week-end. 😍
- ☐ **C** Tu piques toujours dans les grandes bouteilles de tes beaux-parents, oups ! 💥
- ☐ **D** Je n'achète jamais : je n'y connais rien ! 👠

5. TON STYLE DE VIN, C'EST :

- ☐ **A** Des grands vins sinon rien ! 🍷
- ☐ **B** Du champagne : pétillant comme moi ! 🍾
- ☐ **C** Rosé, blanc, rouge, tant que c'est nature, tout me va ! 🌱
- ☐ **D** ... du vin. 💄

6. TON NIVEAU DE CONNAISSANCE DANS LE VIN :

- ☐ **A** Tu es (presque) *Master of Wine* et ta cave est remplie de grands vins. ✏️
- ☐ **B** Si je bois tous les jours ça compte ? 👀
- ☐ **C** Chardonnay, c'est une appellation ? 🎈
- ☐ **D** C'est ton conjoint qui gère 💋

🍷 L'expérimenté (UN MAX DE A) :

Tu adoooores les grands domaines et ta cave est remplie des plus grands vins. Tu t'y connais super bien en vin et tu peux mettre le prix qu'il faut pour débusquer LA bouteille parfaite, celle qui va bien avec ton dîner de ce soir, celle qui a reçu une superbe note par la critique. Tu testes, tu expérimentes, à l'affût de la prochaine bouteille qui ravira ton palais. Tu fais sûrement partie des professionnels du secteur... ou tu aimerais le devenir !

🌍 Le globe-trotteur (UN MAX DE B) :

Tu as parcouru l'intégralité du vignoble français et tu rêves de partir randonner au fin fond du vignoble australien. Tu es définitivement un vrai globe-trotteur, curieux, toujours ouvert pour découvrir les vignobles du globe ! En vrai *geek*, tu sais apprécier les grandes bouteilles, mais aussi dénicher des pépites méconnues et les nouvelles stars de demain, d'ailleurs tu es doué pour ça ! Alors, c'est quoi ta dernière découverte ?

7. POUR TOI, LE VIN C'EST :

- [ ] **A** Une passion que tu cultives depuis toujours. 💝
- [ ] **B** Une manière d'investir ton argent. 💎
- [ ] **C** Un monde fascinant que tu souhaites mieux connaître.
- [ ] **D** Une gueule de bois assurée... ❄️

8. QUEL EST TON PRIX PSYCHOLOGIQUE À NE PAS DÉPASSER POUR UN VIN ?

- [ ] **A** Tu ne veux que le meilleur : minimum 50 €. 🔥
- [ ] **B** Au moins 20 € : en dessous, c'est piquette assurée ! 🌙
- [ ] **C** Entre 5 et 10 €, tu trouves toujours des pépites. 🎁
- [ ] **D** C'est jamais toi qui achètes. 👅

9. TON SENS DE L'AVENTURE, C'EST :

- [ ] **A** Prendre des risques. 💥
- [ ] **B** Changer constamment d'itinéraires. 🌍
- [ ] **C** Tester souvent de nouvelles choses. 🎉
- [ ] **D** Rester en sécurité. 📌

10. LORSQUE TU N'AS PLUS DE VERRE À VIN DISPONIBLE...

- [ ] **A** Ça ne sert à rien de boire du vin si tu n'as pas un bon verre.
- [ ] **B** N'importe quel verre fera l'affaire. 👄
- [ ] **C** Qui a besoin de verrerie ? Passe-moi la bouteille ! 💋
- [ ] **D** Quoi ?! On a besoin de différents verres pour différents types de vin ? 👠

11. IL RESTE LA MOITIÉ D'UNE BOUTEILLE SUR LA TABLE APRÈS LE DÎNER, TU :

- [ ] **A** Retires le Coravin et remets la bouteille dans ta cave. 📚
- [ ] **B** La fermes avec une pompe à air et la mets dans le frigo pour le lendemain. ✏️
- [ ] **C** Remets le bouchon et la conserve sur le dessus de ton réfrigérateur. 🌱
- [ ] **D** T'arranges pour tout mettre dans ton verre et tu le bois au dessert. 🍽️

12. LE MEILLEUR ENDROIT POUR BOIRE UN VERRE DE VIN ?

- [ ] **A** Déguster un grand vin entouré d'amateurs comme toi.
- [ ] **B** Boire un excellent vin chez un vigneron enjoué. 🌍
- [ ] **C** Au resto, avec un bon repas et surtout en bonne compagnie.
- [ ] **D** Sur un bateau à Saint-Tropez : au top pour ton Insta ! 🔥

13. C'EST DOMMAGE DE BOIRE UN VIN...

- [ ] **A** Avec le nez bouché. 👄
- [ ] **B** Dans un verre en plastique. 📌
- [ ] **C** À toute vitesse. 💥
- [ ] **D** En solitaire. 🎈

14. TU PRÉFÈRES UN SELFIE UN VERRE À LA MAIN :

- [ ] **A** Dans un château. 👠
- [ ] **B** Devant les vignes. 🌱
- [ ] **C** En faisant une grimace marrante. 👅
- [ ] **D** La bouche en cœur. 💋

🌱 L'engagé (UN MAX DE C) :

Tu es complètement inarrêtable quand tu es lancé sur le sujet du terroir, c'est pour toi ce qu'il y a de plus précieux. Tu ne bois presque que des vins nature ou biodynamiques : comme ça, tu sauves ta santé et la planète ! Tu adores aller à la rencontre des petits producteurs, être à l'affût des dernières techniques biodynamiques. Les dégustations par Zoom ? Au secours ! Ton premier réflexe après la pandémie fut de faire le tour des vignobles en apportant ton soutien aux petits vignerons.

🎈 Paumé total (UN MAX DE D) :

Le vin, tu le dégustes avec tes potes autour d'une planche de fromage et de charcuterie pour refaire le monde. Tu n'y connais rien et tu assumes ! D'ailleurs, tu as piqué ce livre à ta copine fan de Rouge aux Lèvres. Tu aimes le côté convivial du vin et tu sais quelle couleur tu préfères, mais quand ta moitié te parle de région, de cépage et de terroir, tu es perdu ! Mais pas de honte : le vin, cela s'apprécie et se partage, pas besoin d'être pro ! Et un verre de vin, c'est toujours ultra stylé sur un *feed* Insta !

LE BONHEUR EST
DANS LA
vigne
Rouge aux Lèvres
je suis
PÉTILLANTE

03

Faites vos valises

La France et le vin

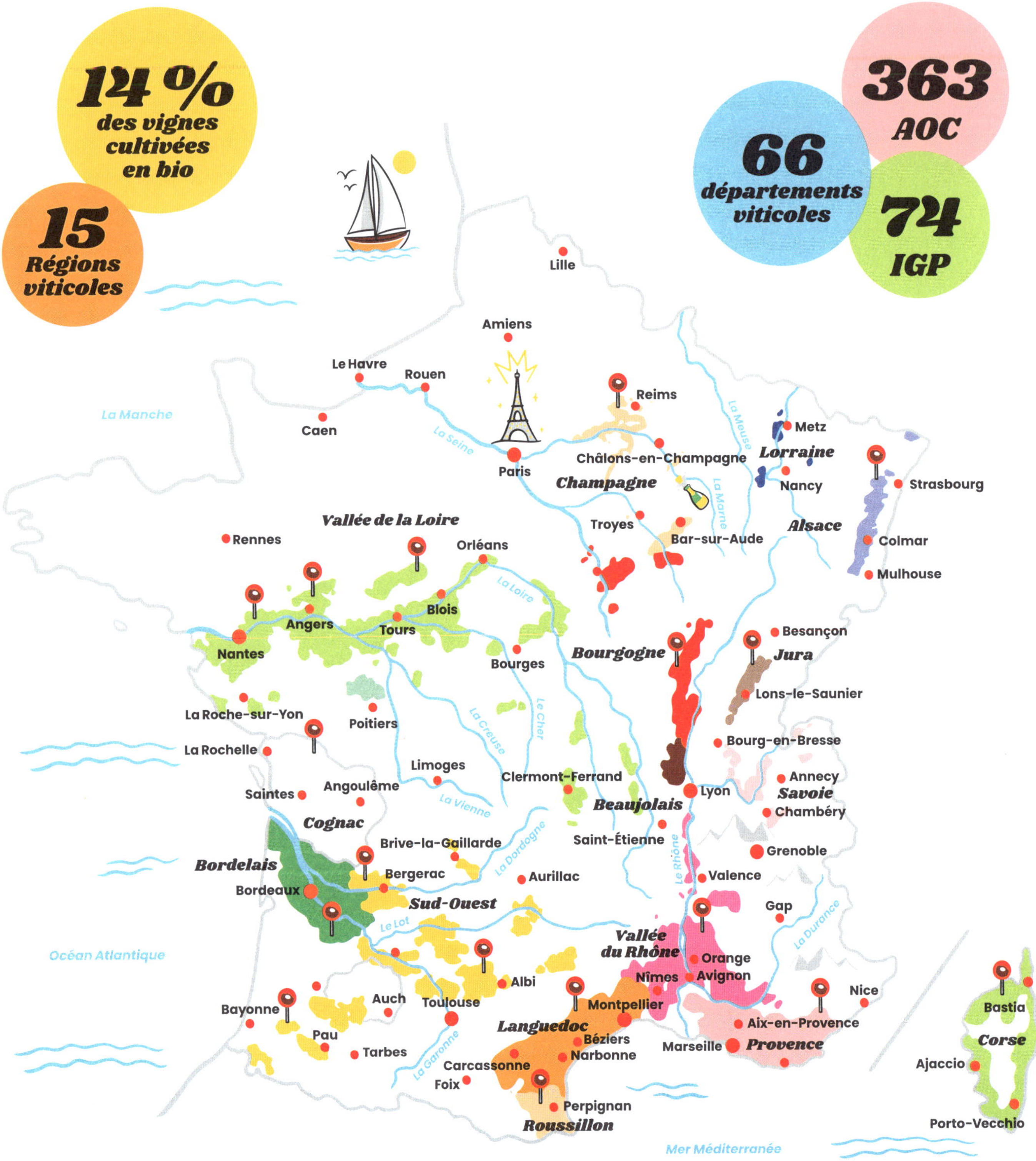

La France viticole

SURFACE VITICOLE
796 000 hectares

PRODUCTION
46,9 millions d'hectolitres

% PAR COULEUR
rouge 55 %, blanc 26 %, rosé 19 %

PRINCIPAUX CÉPAGES ROUGES
merlot, grenache, syrah, cabernet-sauvignon, cabernet franc, pinot noir, gamay, carignan, mourvèdre, cinsault.

PRINCIPAUX CÉPAGES BLANCS
chardonnay, sauvignon blanc, sémillon, chenin blanc, colombard, ugni blanc, riesling, melon de Bourgogne, pinot blanc, gerwurtzaminer, pinot gris.

TYPES DE VINS
rouges secs, blancs secs et doux, rosés secs et doux, effervescents blancs et rosés, vins doux naturels, vins de liqueur, vins de voile.

La France et le monde

2^E PRODUCTEUR MONDIAL

3^E PRODUCTEUR MONDIAL DE VINS BIO

2^E CONSOMMATEUR MONDIAL :
3,7 milliards de bouteilles

1ER EXPORTATEUR MONDIAL :
1,4 milliard de litres exportés pour 9,8 milliards d'euros

Les Français s'intéressent de plus en plus au vin !

Une étude récente menée par l'agence SoWine indique qu'en 2021 près de 62 % des Français interrogés s'intéressent au monde viticole. Un chiffre en augmentation par rapport à 2019. Cet intérêt se manifeste notamment par la fréquentation de sites œnotouristiques, qui font un carton dernièrement !

Les critères d'achat des Français

Les Français achètent du vin sur la base de deux principaux critères : l'origine et, sans surprise, le prix ! Mais ce qui tend à changer, c'est le choix en fonction du cépage : modèle qui nous vient du Nouveau Monde et qui s'installe progressivement en France.

Les Français et le bio

En 2021, près de 67 % des amateurs de vin prennent le temps de lire l'étiquette et de voir s'il y figure le logo AB. Cette tendance est particulièrement forte chez les moins de 25 ans et les connaisseurs qui voient dans ce logo un engagement envers l'environnement, un gage de qualité et le respect de leur santé. Ils sont même prêts à dépenser un peu plus pour cela !

Vin et digital

Avec la digitalisation et le confinement, les ventes de vin sur Internet ont explosé ! La part de consommation en ligne a augmenté de 15 points par rapport à 2019. Les réseaux sociaux aussi sont populaires auprès des consommateurs de vin : 28 % des Français connectés suivent des influenceurs « vins et spiritueux » !

L'Alsace

Au pied des Vosges et face au Rhin, le vignoble alsacien, d'une grande diversité géologique qui a engendré 51 grands crus, doit tout ou presque (90 %) aux cépages blancs, vinifiés en sec ou en doux. Des cépages le plus souvent utilisés seuls dans les vins et en général mentionnés sur la bouteille, la célèbre flûte alsacienne.

L'avis de Margot

Au début, l'Alsace je l'ai regardée de loin, avec des gros yeux, l'air paumé devant ses noms imprononçables, ses multiples cépages, ses lieux-dits alambiqués, et la seule question que je me posais était : « c'est sucré ou pas » ? Avec le temps, quelques bouteilles passées par là et un premier voyage sur place, j'ai eu le déclic ! L'Alsace est l'un des spots les plus « branchés » de la viticulture française, avec en plus des vignerons très accueillants, un brin carrés aussi, à l'allemande quoi, comme les vins ! Précision importante : l'Alsace est aussi une des régions les plus engagées en bio et biodynamie. Aborder l'Alsace, c'est comme commencer dans le vin : il faut y aller à tâtons, prendre son temps, se dire « y en a pour toute une vie » et surtout aller sur place pour comprendre !

SURFACE VITICOLE
15 600 hectares

PRODUCTION
1 150 000 hectolitres

% PAR COULEUR
Blanc 90 %, rouge et rosé 10 %

CÉPAGES ROUGES
pinot noir
(- de 10 % des surfaces)

CÉPAGES BLANCS
riesling, pinot blanc, gewurztraminer, pinot gris, sylvaner, muscat, auxerrois, chasselas, klevner de Heiligenstein, chardonnay (réservé au crémant-d'alsace)

TYPES DE VINS
blancs secs et doux, effervescents, rosés, rouges

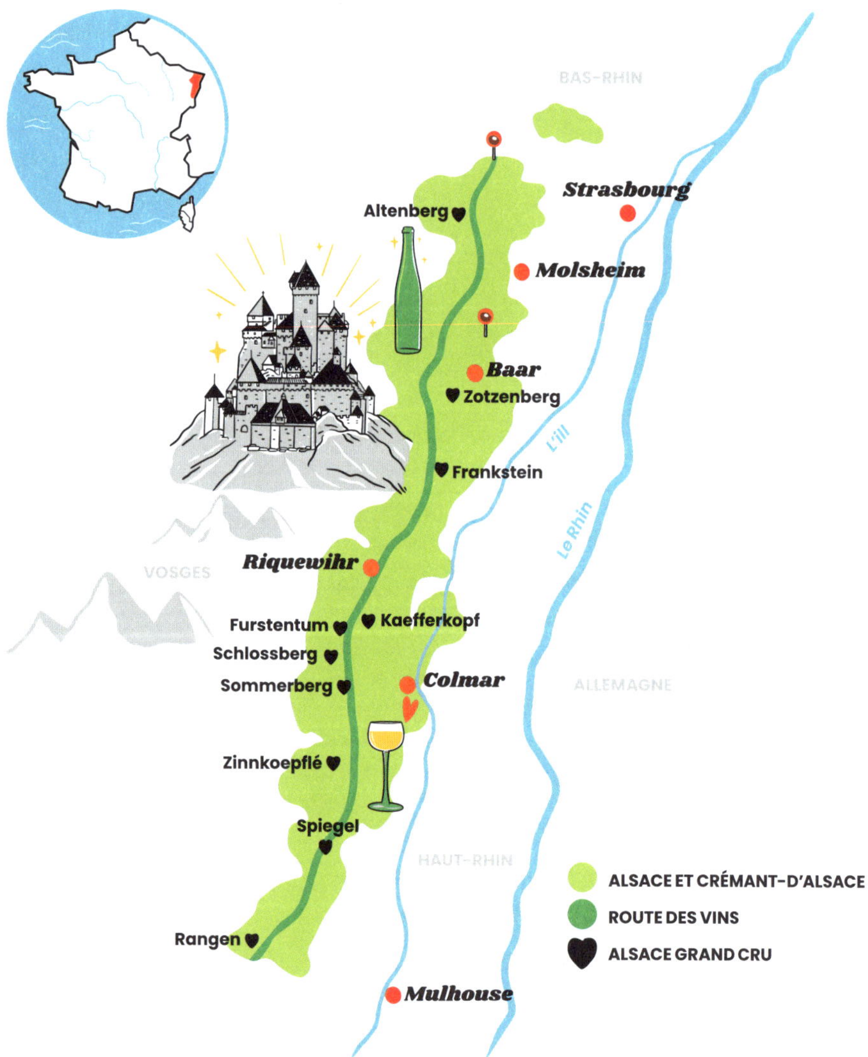

Mes Top cépages

Le rielsing

LE cépage roi d'Alsace, et le plus répandu ! Il offre de multiples facettes, mais le plus souvent des vins racés, tendus, sur les agrumes, les fleurs blanches, les herbes aromatiques et la minéralité.

Le pinot noir

L'unique cépage rouge pour des vins légers et fruités (cerise, mûre, framboise), parfaits avec les viandes rouges et certains fromages. Il est aussi utilisé pour les crémants rosés et blancs de noirs.

Mes appellations crush

Alsace

L'appellation la plus répandue, regroupant tous les cépages alsaciens et produite dans toute la région. Elle peut être complétée par une des 13 dénominations communales, aux règles plus strictes (Bergheim, Côtes de Barr, Ottrott...).

Alsace grand cru

Au sommet de la hiérarchie, les 51 grands crus naissent des meilleurs terroirs et des seul cépages « nobles » : riesling, muscat, pinot gris, gewurztraminer. Production haut de gamme, ils représentent à peine 4 % de la production !

Crémant d'Alsace

Il est élaboré selon la méthode traditionnelle, comme le champagne, à partir des seuls pinot blanc, pinot noir, pinot gris, riesling et chardonnay. Une bulle légère pour toute occasion.

Alsace vendanges tardives (VT) et Alsace sélection de grains nobles (SGN)

Deux mentions parfois indiquées en alsace et en grand cru. Des vins doux prestigieux, parmi les meilleurs au monde, nés de gewurztraminer, riesling, pinot gris ou muscat, vendangés à maturation optimale pour les VT ou atteints de pourriture noble (voir p. 31) pour les SGN.

Mes Vignerons chouchous

Les incontournables

MARCEL DEISS

L'un des grands noms d'Alsace, en biodynamie, qui utilise la technique ancienne (et très rare en Alsace) de complantation : associer les cépages sur un même terroir pour le révéler au mieux. En résultent des vins très complexes.

BOTT GEYL

Un domaine certifié bio et biodynamie, où Jean-Christophe Bott vinifie d'une manière naturelle et minimaliste et obtient des vins amples et suaves.

ALBERT MANN

Un domaine en biodynamie reconnu pour ses vins élégants, profonds : 23 hectares sur une centaine de petites parcelles travaillées comme des jardins.

Les bons plans

DOMAINE SCHLUMBERGER

Une valeur sûre encore accessible ! Un vaste domaine (plus de 50 % en grands crus) conduit en bio et en biodynamie par Séverine Schlumberger, qui préserve son illustre renommée.

WOLFBERGER

Une vénérable coopérative, de loin le plus important producteur de la région. Sa spécialité ? Le crémant, décliné en une quinzaine de cuvées.

TRIMBACH

Un savoir-faire ancestral et des vins d'un équilibre parfait entre fruit et minéralité ! Des vins pour les plus grandes tables, d'autres à des prix encore attractifs pour cette qualité !

À follow

AGATHE BURSIN

À la tête d'un petit vignoble très morcelé, Agathe incarne à merveille cette nouvelle génération de vigneronnes talentueuses et signe des vins de caractère.

JEAN-LOUIS TRAPET

Un domaine très réputé en Bourgogne et... en Alsace, le tout en biodynamie, avec des vins d'une élégance rare !

JOSMEYER

L'un des fleurons de la biodynamie locale. Des vins très complexes et fins, produits par les sœurs Meyer.

Le Beaujolais

C'est l'eldorado des amateurs et la patrie du gamay ! Et si la région s'est surtout fait connaître par son beaujolais nouveau, primeur vif et fruité, le gamay y donne aussi des vins plus intenses, mais toujours diablement gourmands !

l'avis de Margot

Comme beaucoup, sans connaître la région, j'avais en tête l'image, et surtout l'insupportable goût de banane, du beaujolais nouveau ! Mais grâce aux recommandations d'amis, de pros et des dégustations, j'ai découvert un grand terroir regorgeant de pépites. Pour preuve, de grands négoces bourguignons (Louis Latour, Bouchard...) ont pu y acquérir pour trois fois rien de belles endormies. Je suis fan des crus du Beaujolais, qui montrent le profil varié du gamay : version sérieuse avec le morgon et le juliénas, version légère avec le brouilly et le fleurie. Bref, il y en a pour tous les goûts !

SURFACE VITICOLE
14 500 hectares

PRODUCTION
630 000 hectolitres

% PAR COULEUR
rouge 95 %, rosé 3 %, blanc 2 %

CÉPAGES ROUGES
gamay

CÉPAGES BLANCS
chardonnay

TYPES DE VINS
rouges, rosés, blancs secs

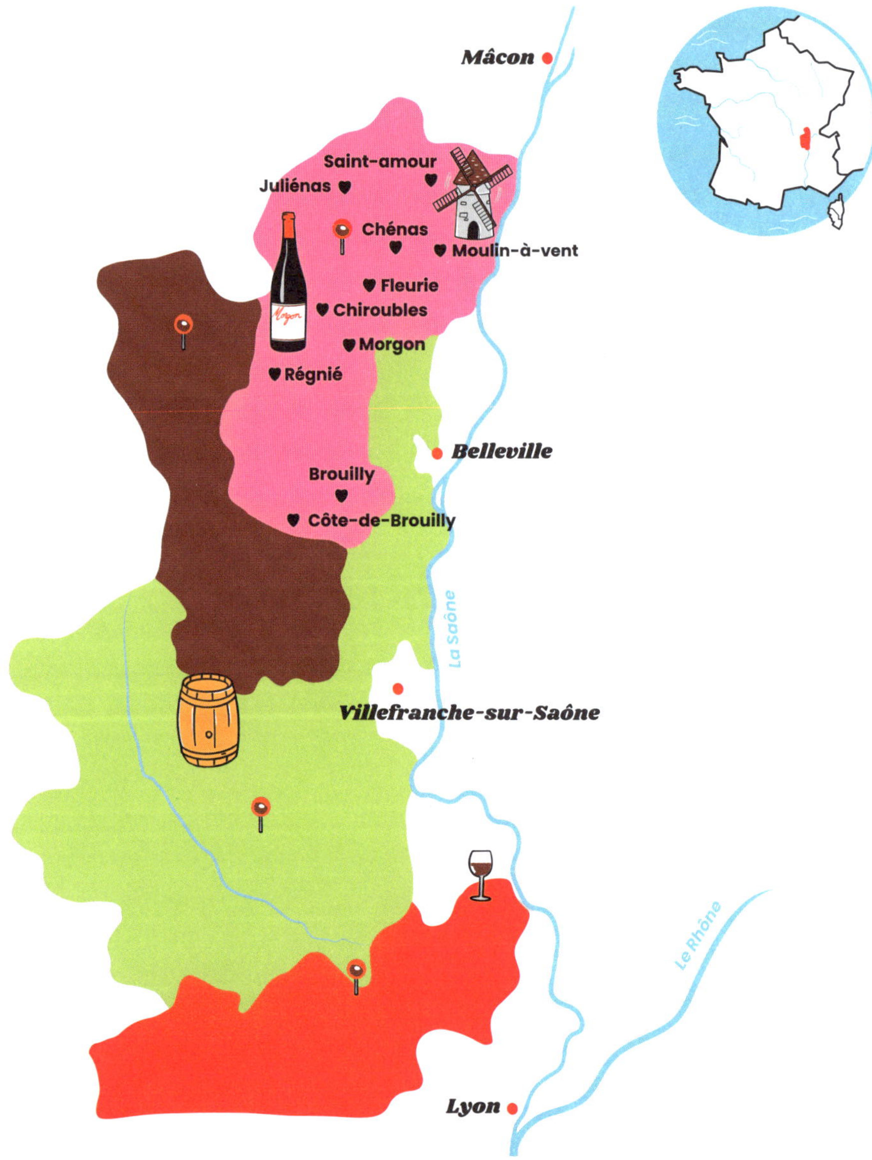

- CRUS DU BEAUJOLAIS
- BEAUJOLAIS-VILLAGES
- BEAUJOLAIS
- CÔTEAUX-DU-LYONNAIS

Mes Top cépages

Le gamay
L'unique cépage rouge du Beaujolais (98 % du vignoble), présent depuis le XVIIe siècle, qui y exprime de multiples facettes : un fruité joyeux et accessible pour les beaujolais et beaujolais-villages, plus complexe et racé pour les 10 crus. Du fruit, de la souplesse, peu d'alcool, le gamay est hyper *trendy* !

Le chardonnay
La région produit aussi (très peu, 2 %) des blancs secs à partir du chardonnay, qui donne des vins tout en fraîcheur, sur les agrumes et les fruits blancs, appelés « perles du Beaujolais », et on comprend pourquoi !

Mes appellations crush

Morgon
Contrairement aux beaujolais ou beaujolais-villages qui s'apprécient jeunes, le morgon est au top après un peu de cave. Son originalité ? Ses arômes kirschés bien typiques et son côté robuste. On dit d'ailleurs ici d'un vin de caractère qu'il... « morgonne » !

Moulin-à-vent
La plus ancienne appellation du Beaujolais tient son nom du moulin qui trône en haut d'une colline et domine de beaux coteaux. Le gamay y prend une expression à la fois fine et corsée, et se prête bien à la garde. Avec le temps, il développe une belle complexité sur la truffe ou le musc. Au top avec des viandes rouges ou du gibier !

Fleurie
Je suis fan de ce vin, souvent présenté comme le plus « féminin » des crus du Beaujolais, pour son incroyable finesse et pour ses arômes floraux (violette, pivoine, iris) qui ravissent les papilles. Arômes qui évoluent avec le temps vers le cassis ou la mûre sauvage. Un délice !

Mes vignerons chouchous

Les incontournables

DOMAINE JEAN FOILLARD
Ce domaine réputé de morgon produit des vins « nature » tout en précision, en intensité et en profondeur. Absolument incontournable !

MARCEL LAPIERRE
L'un des pionniers des vins nature, conduit en bio depuis 1981, qui signe des morgons frais et délicats dont on se délecte entre copains !

DOMAINE DOMINIQUE PIRON
Un indémodable des morgons, avec des vins de haut vol issus du domaine ou du négoce. Dès que je le vois sur une carte de resto, je le prends !

Les bons plans

MAISON JEAN LORON
Une maison de négoce historique (XVIIe siècle) très dynamique, également propriétaire de plusieurs domaines, dont la gamme, véritable mosaïque de terroirs, propose le meilleur du Beaujolais.

VINS DESCOMBES
Une maison de négoce et trois domaines conduit par la très dynamique Marine Descombes, qui valorise avec talent la diversité des terroirs du Beaujolais.

CHÂTEAU DES BACHELARDS
Un beau domaine conduit en bio et biodynamie par une femme de caractère, Alexandra de Vazeilles, qui fait briller son terroir de fleurie.

À follow

DOMAINE DES PIERRES ROSES
Ce domaine de moulin-à-vent conduit par Thibault Liger-Belair, une référence à Nuits-Saint-Georges en Bourgogne, produit des vins tout en fraîcheur et en tension.

MEE GODARD
Avec ses vieilles vignes dans les meilleurs terroirs de morgon, Mee Godard réalise des vins « libres » (comprenez « nature ») d'une grande précision. Une pépite !

FRÉDÉRIC BERNE
Défenseur du bio et de la biodynamie, Frédéric Berne s'engage aussi pour la valorisation d'un 11e cru : Lantignié. Affaire à suivre...

Le Bordelais

Le plus grand vignoble de France, dont le nom résonne dans le monde entier, réputé pour ses prestigieux crus classés, essentiellement des vins rouges, le plus souvent nés de plusieurs cépages, merlot et cabernet-sauvignon en tête.

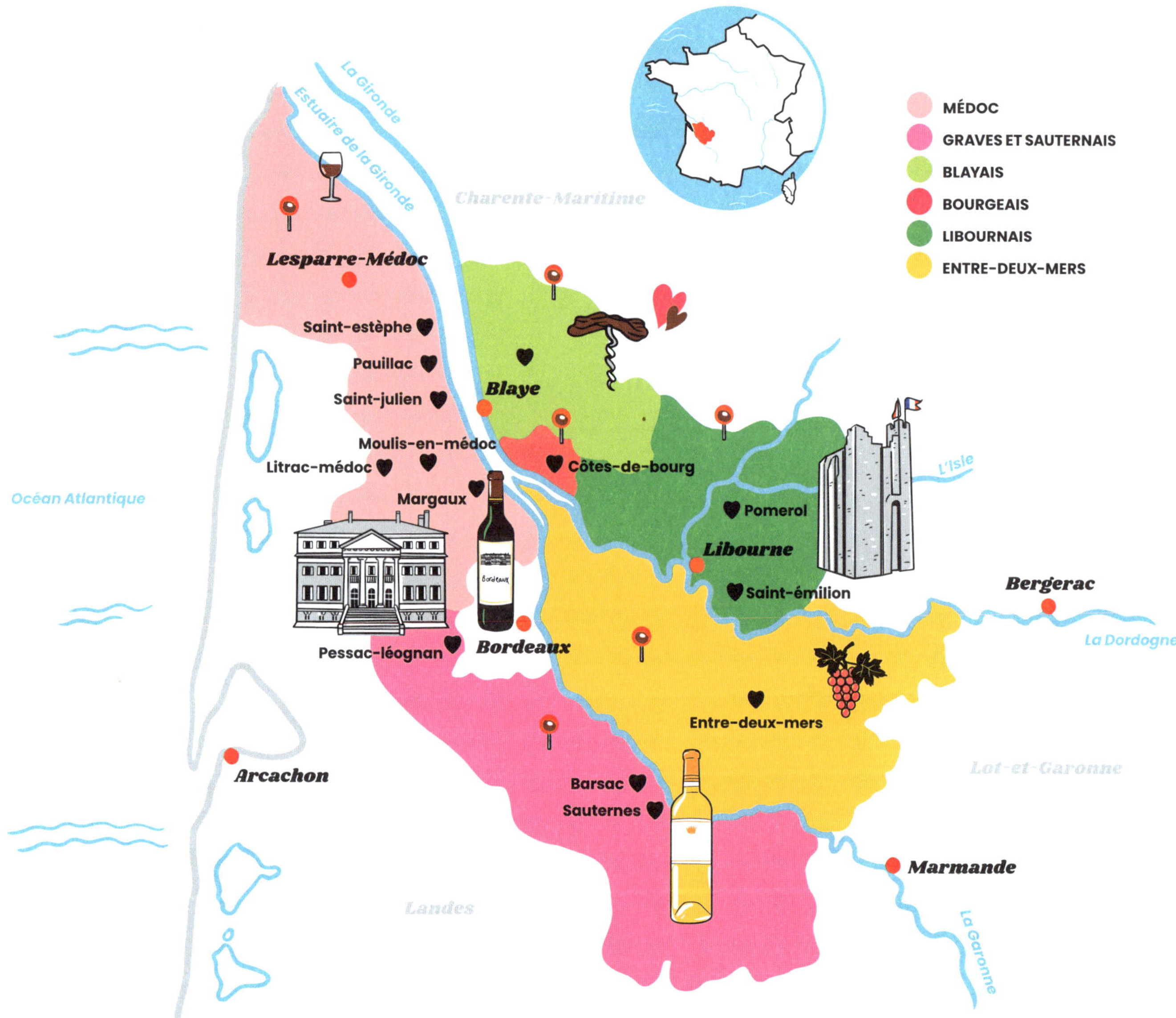

SURFACE VITICOLE	CÉPAGES ROUGES	CÉPAGES BLANCS	% PAR COULEUR
111 000 hectares	merlot, cabernet-sauvignon (dominants), cabernet franc, malbec, petit verdot, carménère (rare)	sauvignon blanc, sémillon, muscadelle, sauvignon gris (rare)	rouge 85 %, blanc 12 %, rosé 3 %
PRODUCTION			**TYPES DE VINS**
5,1 millions d'hectolitres			rouges, blancs secs, effervescents, rosés

L'avis de Margot

Bon, je ne vais pas vous mentir, pendant longtemps, j'ai boudé le Bordelais… Vin de mon papa du dimanche midi, style très rétro, avec un boisé trop présent et souvent hors de prix. Eh bien, les temps ont changé ! L'effet « Bordeaux *bashing* » a eu finalement un effet positif sur le vignoble. D'abord, un vent *green* souffle enfin ici. Le style ensuite : les élevages infusés sous bois se sont allégés, le fruit ressort sans masquer le terroir, l'approche parcellaire et « ultra couture » est de plus en plus privilégiée, même dans les vins à 10 €. Les grandes propriétés travaillent toujours bien, mais surtout elles s'ouvrent davantage aux amateurs. Quant aux « petits » vignerons, les moins visibles mais les plus nombreux, ceux qui souffrent parfois, ils se sont bien retroussé les manches pour faire connaître leurs vins. Car, hélas, l'image des crus classés fermés et parfois arrogants n'a pas joué en leur faveur et empêche de voir la qualité incroyable qui règne ici. Aujourd'hui, un nouveau bordeaux voit le jour : plus ouvert, plus engagé, plus innovant… Bref, moi, ils m'ont reconquis ! Et vous ?

Vinorama du Bordelais

Le vignoble, étendu sur le seul département de la Gironde, se divise en trois grandes zones : la rive gauche de la Garonne et de l'estuaire de la Gironde (Médoc, Graves et Sauternais) la rive droite, au nord de la Dordogne (Blayais, Bourgeais et Libournais), et entre les deux… l'Entre-Deux-Mers. Précisons un peu.

LE MÉDOC

Le royaume des rouges dominés par le cabernet-sauvignon, puissants, tanniques, de longue garde. Celui aussi de nombreux châteaux ultra réputés : les crus classés de 1855. On trouve ici les appellations médoc, haut-médoc et les prestigieuses « communales » : saint-estèphe, pauillac, saint-julien, margaux, listrac-médoc et moulis-en-médoc.

L'ENTRE-DEUX-MERS

Entre Dordogne et Garonne, une vaste zone de vins rouges en AOC bordeaux et bordeaux supérieur, souvent à dominante de merlot. Mais elle est surtout connue par ses blancs vifs, notamment ceux de l'appellation entre-deux-mers, à dominante de sauvignon blanc.

LES GRAVES ET LE SAUTERNAIS

Le vignoble historique de Bordeaux, qui doit son nom à ses sols de cailloux roulés appelés « graves ». Trois appellations ici : graves (rouges, dominants, et blancs secs), graves supérieures (de rares blancs doux) et pessac-léognan, la plus prestigieuse avec ses crus classés. Au Sud, le Sauternais est spécialisé en liquoreux, nés du *Botrytis cinerea* (voir p. 26). Outre les sauternes, on trouve aussi en liquoreux les barsacs et les cérons sur la même rive et les sainte-croix-du-mont, loupiacs et cadillacs en face, sur la rive droite de la Garonne.

LE BLAYAIS ET LE BOURGEAIS

On trouve ici l'appellation côtes-de-bourg et le vaste Blayais, du nom de la célèbre citadelle construite par Vauban, avec ses appellations blaye-côtes-de-bordeaux, blaye et la très confidentielle côtes-de-blaye. Une zone dominée par les rouges, même si on y trouve de bons blancs.

LE LIBOURNAIS

Règne ici le merlot, parfois associé au cabernet franc et, un peu moins, au cabernet-sauvignon, avec Saint-Émilion pour emblème et ses grand crus classés. Autre AOC ultra prestigieuse : Pomerol, mais pas de classement ici, même si on y trouve des crus mythiques comme Petrus. À côté, les moins prestigieuses mais plus abordables appellations « satellites de Saint-Émilion » (lussac, montagne, puisseguin, saint-georges), les castillon-côtes-de-bordeaux et francs-côtes-bordeaux.

Les classements du Bordelais

À la base des vins girondins, on a les appellations régionales (bordeaux, bordeaux supérieur, crémant-de-bordeaux), qui couvrent quasiment tout le vignoble, puis les AOC sous-régionales (haut-médoc, médoc, graves, entre-deux-mers…) et, au sommet, les « communales » (pomerol, saint-émillion, margaux…) et les crus classés, le top du top. Il existe plusieurs classements qui, contrairement à la Bourgogne ou l'Alsace, ne classent pas des terroirs mais des domaines.

Le classement de 1855 du Médoc et du Sauternais

Le premier classement – impérial s'il vous plaît ! – date de 1855, sous le Second Empire : il a été rédigé par la chambre de commerce de Bordeaux en vue de l'exposition universelle organisée par Napoléon III à Paris. Depuis, il n'a pas bougé, ou presque (promotion de Mouton-Rothschild de 2e à 1er cru en 1973). Il concerne 61 vins rouges du Médoc, répartis de 1er à 5e crus classés, tous en AOC margaux (la plus représentée), pauillac, saint-julien, saint-estèphe, haut-médoc et… pessac-léognan (voir encadré). Ce classement concerne aussi les blancs liquoreux du Sauternais, à l'époque très prisés eux-aussi. Il distingue un 1er cru supérieur, le Château d'Yquem, des 1ers et 2es crus. Il ne concerne que les appellations sauternes et barsac (qui peut aussi revendiquer l'appellation sauternes).

L'exception Haut-Brion

Une entorse a été faite à la règle du « tout-Médoc » dans le classement du 1855 avec le choix d'intégrer un vin des Graves, le cultissime Château Haut-Brion (pessac-léognan), et pas à n'importe quel rang : le 1er, aux côtés des châteaux Lafite-Rothschild, Latour, Margaux et Mouton-Rothschild !

Le classement des Graves

Un siècle après le Médoc, les Graves créaient leur propre classement, établi en 1953 et 1959. C'est ainsi que Haut-Brion se retrouve dans deux classements, et au 1er rang dans les deux ! Celui des Graves ne concerne en réalité que l'appellation pessac-léognan, mais à l'époque celle-ci n'existait pas encore – elle fut créée en 1987 – et les vins appartenaient donc à l'appellation graves. Vous suivez ? Il est en outre le seul classement du Bordelais à comprendre aussi bien des blancs secs que des vins rouges.

Le classement de Saint-Émilion

Créé en 1955, ce classement est révisé régulièrement, environ tous les 10 ans, avec souvent des contestations, en général de la part de ceux qui en sont exclus *of course* ! La première révision a eu lieu en 1958 et un nouveau classement est prévu pour 2022. Au total, il concerne à ce jour 82 domaines : 4 grands crus classés A (châteaux Ausone, Cheval blanc, Pavie et Angelus), 14 premiers grands crus classés B et 64 grands crus classés « tout court ». Le classement de 2022 pourrait réserver quelques surprises…

Crus bourgeois

Ce classement a été créé en 1932 pour consacrer un usage datant du… Moyen Âge, qui distinguait les « crus des bourgeois », notables exemptés de droits. Ayant perdu sa crédibilité, il a été entièrement revu en 2008 et est désormais renouvelable tous les 5 ans, après dégustation à l'aveugle. Il ne concerne que les appellations médocaines, essentiellement des médocs et haut-médoc.

Mes appellations crush

Bordeaux supérieur
Son statut « supérieur » différencie cette appellation régionale des « simples » bordeaux, par un rendement inférieur et un temps d'élevage minimum qui assure une puissance, une complexité et un potentiel de garde plus élevés aux vins rouges. Côté blanc, on se délecte de (très rares) moelleux, très aromatiques. Je les aime pour leur style stable, gourmand et équilibré, qui s'est encore affiné dans les derniers millésimes !

Côtes-de-bourg
Parfois sous-estimée, cette appellation produit pourtant des vins ronds et généreux en rouge et en blanc sec. Terrain de jeu de producteurs passionnés et engagés, on y trouve de superbes rapports qualité-prix pour accompagner de bons moments entre copains. À un retour de plus en plus de malbec dans les assemblages généralement dominés par le merlot.

Pauillac
Au cœur du Médoc, et tout près de la Garonne, cette célèbre appellation nous gratifie de somptueux vins rouges à la texture riche et dense, bâtis pour une longue garde. Issus de l'assemblage typique bordelais (cabernet-sauvignon en dominante, merlot, puis cabernet franc et petit verdot en éventuel complément), les pauillac révèlent de délicieux arômes de cerise noire, de réglisse, de cassis, d'iris ou encore de cèdre.

Pessac-léognan
Récente appellation du Bordelais née en 1987, le pessac-léognan est en plein boom ! Ses sols composés de graves (petits cailloux) permettent la production de beaux rouges fruités et complexes issus de merlot et de cabernet-sauvignon, mais aussi de superbes blancs secs issus de sémillon et de sauvignon blanc. Entre copains ou en famille, ces vins rassemblent autour d'un bon repas convivial !

Pomerol
Cette petite appellation de la rive droite du Bordelais, parmi les plus réputées du monde, offre des vins exceptionnels. Connus pour leur texture de velours, ces vins riches et intenses, issus principalement de merlot, offrent de beaux arômes de violette, de fruits rouges et de truffe. Un classique bordelais dont on se délecte.

Saint-émilion grand cru
Petit village mondialement connu, dont le vignoble a été classé au patrimoine mondial par l'Unesco, Saint-Émilion accueille une célèbre appellation qui recouvre une mosaïque de terroirs, à l'origine de rouges généreux et puissants, à dominante de merlot. Les producteurs locaux se retroussent les manches pour prouver que leur terroir et leurs vins valent leur réputation ! Bio et biodynamie prennent de l'ampleur dans le coin. Je valide !

Saint-estèphe
Au nord de Pauillac, surplombant la Garonne, se trouve le village de Saint-Estèphe. Son terroir à dominante argilo-calcaire permet la production de vins rouges solides mais toujours raffinés et élégants, aux beaux arômes de cassis, de violette, de moka et d'épices. Ces vins riches et structurés peuvent se garder jusqu'à 50 ans ! Un vrai bijou.

Sauternes
Entre Langon et Cadillac, cette appellation bénéficie de la magie du Ciron, petite rivière affluent de la Garonne dont les eaux froides couvertes d'une voûte de feuillages donne naissance à un climat automnal particulier : brouillard et brumes du matin, puis soleil l'après-midi, qui favorise le développement du *Botrytis cinerea* (voir p. 26) et de la « pourriture noble » qui engendre des liquoreux magnifiques de richesse et de complexité.

Mes Top cépages

On voit rarement le nom d'un cépage sur les vins bordelais car ils sont le plus souvent issus d'assemblages : merlot, cabernet-sauvignon, parfois cabernet franc et, plus rarement, malbec, petit verdot ou carménère, en rouge ; le duo sauvignon-sémillon en blanc, avec parfois la muscadelle en complément.

Le duo merlot/cabernet-sauvignon

Ces deux cépages nous viennent du Sud-Ouest et ont naturellement trouvé leur bonheur dans le terroir bordelais où le merlot représente 60 % de la surface plantée. Les deux se complètent parfaitement. C'est un peu le yin et le yang du Bordelais. Pour faire simple : le merlot pour la rondeur et le fruité, le cabernet-sauvignon pour la structure tannique. *Deal* !

Le duo sauvignon/sémillon

Si c'est le sauvignon blanc que l'on connaît le mieux pour ses excellentes expressions en Entre-Deux-Mers ou dans la Loire à Sancerre, dans un style vif, nerveux, il prend une tout autre dimension une fois assemblé avec le sémillon, en sec comme en liquoreux ! S'il est moins aromatique, le sémillon vient lui apporter de la rondeur, du gras et de la puissance.

Mes Vignerons chouchous

Les incontournables

CHÂTEAU LA CONSEILLANTE

Ce cru très prestigieux de Pomerol est top pour rentrer dans l'univers des grands crus classés. J'adore sa finesse, son élégance, son soyeux : un vrai *must* de l'appellation !

CHÂTEAU LA LAGUNE

De l'admiration pour l'incroyable travail de Caroline Frey, fille du propriétaire, œnologue du domaine et également présente au nord de la vallée du Rhône, qui a converti les vignes en bio, avec certaines méthodes issues de la biodynamie. Un 3ᵉ cru classé du Médoc d'une grande élégance. J'en suis fan !

CHÂTEAU PHÉLAN SÉGUR

Mon incontournable ! Toujours bien fait, à la fois élégant et racé, ce grand saint-estèphe me fascine ! En plus, le prix reste plutôt sage à un tel niveau de qualité.

Les bons plans

CHÂTEAU LES GRAVES DE VIAUD

Direction les côtes-de-bourg à la découverte des super vins des Graves de Viaud ! C'est bio et biodynamique, c'est bon et à prix mini, foncez !

CHÂTEAU DOYAC

Ex-financier, Max de Pourtalès observe attentivement la nature qui l'entoure et s'attache à révéler au mieux le terroir de son domaine médocain (haut-médoc) et ses beaux merlots dans des vins biodynamiques tout en justesse !

CHÂTEAU CLARKE

Un bon plan accessible sur le terroir assez méconnu de listrac-médoc, qu'a repéré en 1973 le baron Edmond de Rothschild et qui en a fait l'un des piliers de l'appellation.

À follow

CHÂTEAU CLARISSE

Ma dernière révélation ! On n'est pas à Saint-Émilion mais pas loin, à Puisseguin. Ce domaine tout en bio et biodynamie est travaillé avec talent par le couple Olivia et Didier Le Calvez.

CHÂTEAU CROIX DE LABRIE

Attention, la nouvelle star en saint-émilion grand cru ! Les experts l'ont encensé, les consommateurs en raffolent, ce vin est une bombe associant finesse et concentration. Un tout petit domaine d'à peine 6 hectares que travaille en biodynamie et avec passion la belle Axelle Courdurié.

CHÂTEAU BASTOR-LAMONTAGNE

Ce domaine historique, ancienne propriété royale, est désormais, depuis 2016, un fer de lance du bio à Sauternes. À découvrir absolument pour ses liquoreux qui visent la fraîcheur plutôt que la puissance.

Cultissimes !

On ne peut parler des vins du Bordelais sans évoquer les crus mythiques qui ont fait et font toujours sa réputation mondiale. Attention, ça brille et les prix sont en conséquence ! On en rêve plus qu'on ne les déguste...

Château Ausone

SAINT-ÉMILION GRAND CRU, 1ER GRAND CRU CLASSÉ A

Un vin d'une finesse hors du commun ! Un cru mythique né d'un petit domaine (7 hectares), aux portes de la cité, du nom du poète latin ayant vécu à Saint-Émilion au IVe siècle. Depuis le Moyen Âge, seulement trois familles s'y sont succédé, jusqu'à Alain Vauthier et sa fille Pauline, qui officie au chai.

Château Cheval Blanc

SAINT-ÉMILION GRAND CRU, 1ER GRAND CRU CLASSÉ A

Un domaine mythique propriété de Bernard Arnault (LVMH) et d'Albert Frère : 40 hectares dont le sol favorise le cabernet franc aux côtés du roi merlot, une rareté dans le secteur. Dans le verre, un vin impressionnant d'intensité et de finesse ! Aussi impressionnant que son chai dessiné par Portzamparc.

Château Haut-Brion

PESSAC-LÉOGNAN, CRU CLASSÉ EN ROUGE ET 1ER CRU CLASSÉ DE 1855

Le premier « château du vin », fondé en 1525, qui fit entrer les crus bordelais dans la modernité dès le XVIIe siècle, quand Arnaud de Pontac fit connaître en Angleterre ce rouge tannique alors appelé *new french claret* par opposition aux légers *french clarets* de l'époque. Acquis en 1935 par le banquier américain Clarence Dillon et aujourd'hui propriété de son descendant le prince Robert de Luxembourg, Haut-Brion signe un rouge d'une grande profondeur et un blanc d'une élégance inimitable.

Château Latour

PAUILLAC, 1ER CRU CLASSÉ

Maison forte au Moyen Âge, il est resté propriété de l'illustre famille des Ségur jusqu'en 1962, avant d'être acquis en 1993 par François Pinault. Il possède un vignoble homogène (65 hectares), dont le cœur – dit l'Enclos (47 hectares) – donne naissance à un vin d'une puissance et d'une capacité de garde rares.

Château Lafite-Rothschild

PAUILLAC, 1ER CRU CLASSÉ

Une ancienne seigneurie qui doit aux Ségur, grands propriétaires de vignes, sa vocation viticole établie dès le XVIIe siècle. Un cru qui doit aussi beaucoup aux Rothschild, propriétaires depuis 1868, et notamment à Éric de Rothschild qui l'a modernisé et fait construire le célèbre chai circulaire signé Ricardo Bofill. D'un terroir exceptionnel de 112 hectares naît un pauillac à la fois très puissant et très fin.

Château Margaux

MARGAUX, 1ER CRU CLASSÉ

Un domaine qui porte le nom de son appellation, c'est rare ! Margaux a été créé à la fin du XVIe siècle : un vignoble d'exception de près de 100 hectares, propriété depuis 1977 de la famille Mentzelopoulos (Felix Potin). De son superbe chai, œuvre de Norman Foster, sort un vin dont l'élégance et la finesse en font la quintessence du margaux.

Château Mouton-Rothschild

PAUILLAC, 1ER CRU CLASSÉ

Acquis en 1853 par les Rothschild, il doit beaucoup au baron Philippe, arrivé en 1922, qui lui a redonné ses lettres de noblesse et l'a fait accéder en 1973 au rang de 1er cru classé. Le baron a aussi été l'un des premiers à pratiquer la mise en bouteilles au château, dès 1926. Sa fille Philippine a poursuivi son œuvre, puis ses petits-enfants aujourd'hui. Derrière les étiquettes illustrées chaque année par un artiste différent, un pauillac aussi puissant que fin.

Petrus

POMEROL

Un cru mythique né d'un petit vignoble (11,5 hectares) planté sur un terroir d'argile bleue d'exception. La quintessence du pomerol, entre élégance et force maîtrisée. Un mythe développé par l'hôtelière libournaise Edmonde Loubat, dite « Tante Lou », qui a conquis Londres en envoyant du Petrus aux fiançailles d'Élisabeth d'Angleterre ! Puis par les Moueix, négociants libournais bien connus.

Château d'Yquem

SAUTERNES, 1ER CRU CLASSÉ SUPÉRIEUR

Un sauternes d'une finesse absolu, précis, complexe. Le seul à bénéficier du rang de 1er cru classé supérieur, produit par un superbe manoir fortifié du XVIIe siècle, propriété des Sauvage puis des Lur-Saluces pendant 400 ans avant d'être repris en 1999 par LVMH et dirigé par Pierre Lurton. Cultissime !

La Bourgogne

La fascinante Bourgogne est un vignoble modeste par la taille mais très prestigieux, façonné par les moines au Moyen Âge et morcelé en de multiples appellations, elles-mêmes subdivisées en une multitude de lieux-dits appelés localement « climats ». Une mine d'or pour l'amateur !

SURFACE VITICOLE
28 800 hectares répartis sur 1247 climats

PRODUCTION
1,5 million d'hectolitres par an

% PAR COULEUR
blanc 20 % rouge 30 %, crémant 10%, rosé 1%

CÉPAGES ROUGES
pinot noir

CÉPAGES BLANCS
chardonnay

TYPES DE VINS
blancs secs, rouges, rosés, crémants, blancs liquoreux (très rares)

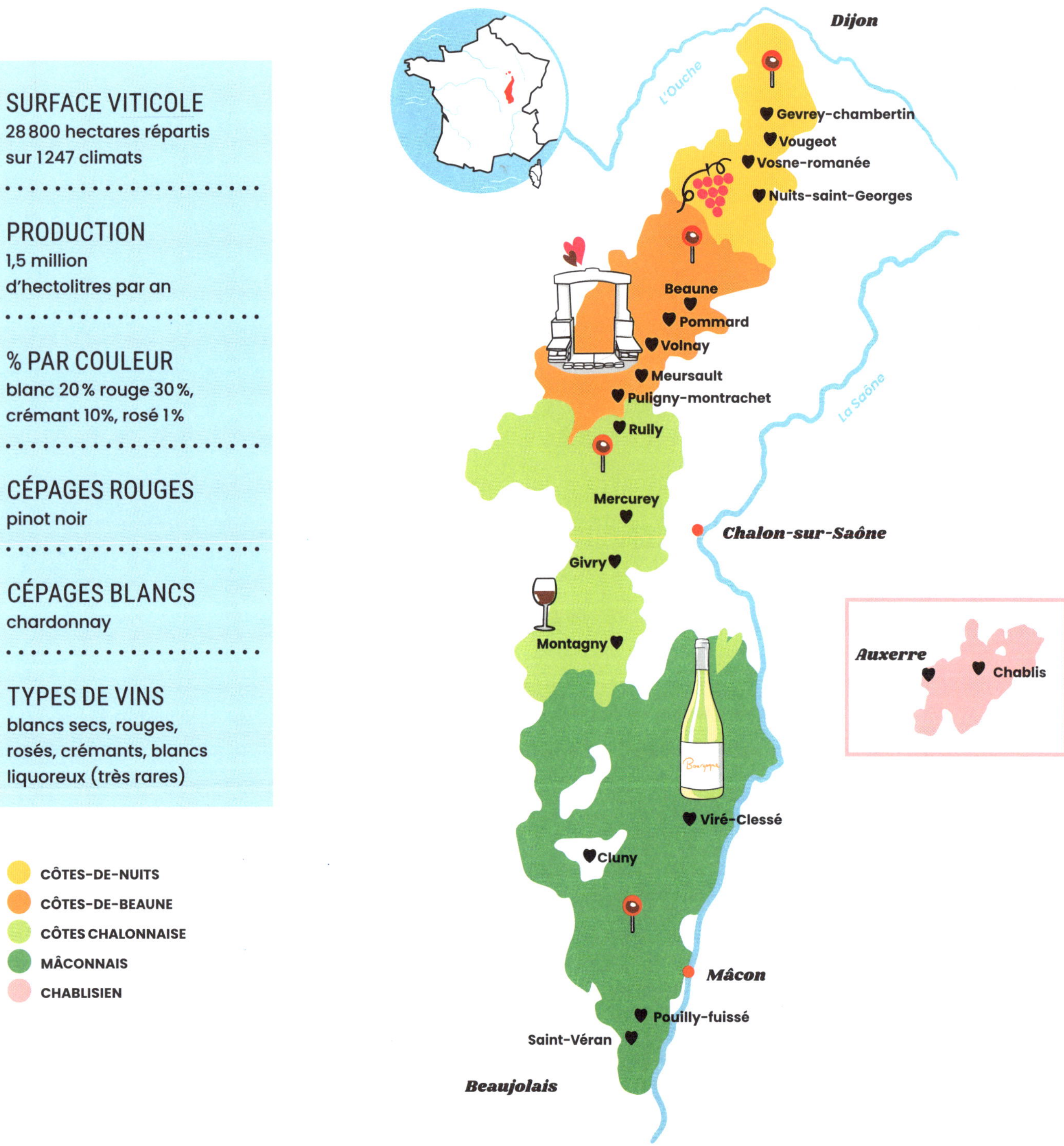

L'avis de Margot

Quand j'ai débuté dans le monde du vin, la Bourgogne me fascinait avec ses appellations prestigieuses, ses domaines illustres et surtout ses climats si complexes et uniques ! J'ai eu la chance de goûter de grands vins, mais hélas peu souvent au vu des prix parfois astronomiques ! C'est ainsi que j'ai découvert l'autre visage de la Bourgogne : celui des nouveaux domaines qui se lancent, encore accessibles et inconnus, celui de la Côte chalonnaise et du Mâconnais surtout, qui regorgent de bons plans, celui des jeunes vignerons aussi, qui reprennent le domaine familial et innovent avec une viticulture plus engagée. Non, la Bourgogne n'est pas figée, elle bouge lentement mais sûrement. Elle m'a appris l'art de la patience, de voir à long terme, de relativiser… Bref, si vous voulez prendre de la distance, allez voir les Bourguignons !

Vinorama de la Bourgogne

Un peu de géographie

La Bourgogne est divisée en cinq sous-régions, avec du Nord au Sud :

LE CHABLISIEN

La patrie du chardonnay bien tendu, minéral, aux arômes de silex, de caillou mouillé, dus au sous-sol calcaire.

LA CÔTE DE NUITS

Le royaume des grands rouges bourguignons nés du pinot noir, à la fois structurés et d'une grande finesse.

LA CÔTE DE BEAUNE

Montrachet, corton-charlemagne, puligny-montrachet, etc., la plupart des grands blancs bourguignons naissent ici, à partir du chardonnay, avec des vins riches et onctueux mais toujours frais et fins ; même si les rouges sont très présents (près de 60 %), dont les réputés pommard ou volnay.

LA CÔTE CHALONNAISE

Autant de rouges que de blancs dans cette région en progrès constant et aux prix doux, également berceau du crémant-de-bourgogne.

LE MÂCONNAIS

La partie la plus sudiste, frontalière avec le Beaujolais, dominée par les blancs (dont de très rares liquoreux), dont les prestigieux pouilly-fuissé nés au pied des roches jumelles de Solutré et de Vergisson.

La pyramide des appellations

Ce vignoble, le plus riche en appellations de France (une centaine), peut paraître bien compliqué ! En réalité, c'est assez simple. Imaginez une pyramide avec, à la base, les appellations dites « régionales » (bourgogne, crémant, mâcon…), puis les appellations « communales » ou « villages » (parfois étendus sur plusieurs communes), les 1ers crus, souvent associés à un nom de climat (volnay Caillerets, meursault Charmes…), et au sommet les grands crus (chambertin, montrachet, romanée-conti…).

Qu'est-ce qu'un « climat » bourguignon ?

C'est une parcelle de vignes souvent très petite portant le nom d'un lieu-dit, délimitée - parfois par des murets (les clos) - pour son terroir remarquable. Il en existe plus de 1200 : autant de subtiles nuances qui font l'immense variété des vins bourguignons. Une richesse si inestimable qu'ils ont été inscrits au patrimoine mondial de l'Unesco en 2015 !

Le rôle des moines

La Bourgogne viticole, l'un des plus anciens vignobles de France, a été façonnée au Moyen Âge par les moines des abbayes de Cluny (fondée en 910) et de Cîteaux (1098), vinificateurs très habiles qui ont identifié les meilleurs terroirs, créé des clos, comme le célèbre Clos de Vougeot, et propagé la viticulture.

Mes Top cépages

Bon, il faut dire que ce n'était pas très compliqué de choisir ! Peu de régions utilisent un nombre aussi réduit de cépages. Si on trouve le césar et le gamay en rouge, le sauvignon, l'aligoté et encore plus rarement le sacy, le pinot gris, le pinot blanc ou encore le pinot beurot en blanc, 90 % des vins sont nés d'une seule variété, et en « monocépage » (pas d'assemblage avec une autre variété) : le chardonnay en blanc et le pinot noir en rouge.

Le chardonnay

Il serait apparu au XVIIe siècle dans le Mâconnais, dans le village de… Chardonnay, et est aujourd'hui cultivé dans le monde entier ! Très polyvalent, il s'adapte à tous les terroirs et toutes les latitudes ! En Bourgogne, on l'aime à Chablis, où il offre un vin très vif et minéral, comme dans la côte de Beaune, où le vin se fait plus dense, plus racé et plus complexe avec de grands crus d'exception !

Le pinot noir

Le cépage emblématique par excellence, qui fait la renommée de tous les grands vins rouges de la région. Planté dès la création du vignoble bourguignon, hautement qualitatif, détestant les climats chauds mais très à l'aise sur le terroir calcaire, il produit des vins souvent peu colorés, aux arômes de fruits rouges, de cerise griotte notamment, d'une grande finesse de tanins et, pour les plus racés, au potentiel de garde très important.

Mes appellations crush

Chablis

La région de Chablis est surnommée la « porte d'or de la Bourgogne » car située à mi-chemin entre Paris et Beaune. On trouve ici quatre appellations qui portent ce nom réputé dans le monde entier, par ordre de hiérarchie : petit-chablis, chablis (la plus importante en volume), chablis 1er cru et chablis grand cru. Les vins profitent ici de sols kimméridgiens composés de minuscules dépôts d'huîtres qui leur confèrent toute la pureté, la fraîcheur, la finesse et la minéralité du chardonnay !

Meursault

C'est sans doute le village le plus réputé de Bourgogne pour les vins blancs (répartis entre les niveaux « villages » et 1ers crus) ! Situé au sud de la côte de Beaune, son vignoble est étalé en pentes douces sur près de 400 hectares environ, entre 230 et 360 mètres d'altitude. Il est souvent dit que ce sont les vins de Meursault, à la fois amples, gras et subtils, qui magnifient le plus l'expression du chardonnay, bien que les vins rouges (très rares dans l'appellation) soient également d'une très belle finesse !

Volnay

Pas de vins blancs pour l'appellation volnay, mais uniquement des vins rouges (« villages » et 1ers crus) nés sur 220 hectares en plein cœur de la côte de Beaune, sur un terroir constitué de sols calcaires variés. Le résultat ? Des vins séducteurs et subtils, réputés pour leur grande finesse et leur complexité, dont la richesse aromatique ne cesse de séduire les amateurs.

Vosne-romanée

La perle de la Côte de Nuits ! Avec ses 150 hectares sur les communes de Vosne-Romanée et Flagey-Échezeaux, elle compte 14 premiers crus. Les vins, exclusivement rouges, sont raffinés, équilibrés, de longue garde. On trouve aussi autour de ce village certains des grands crus rouges les plus renommés de Bourgogne (et du monde !) : romanée-conti, romanée-saint-vivant, grands échézeaux, la tâche, richebourg…

Montagny

L'appellation montagny (« villages » et 1ers crus) est située à la pointe sud de la Côte chalonnaise, en Saône-et-Loire. Magnifiés par les moines de l'abbaye de Cluny, ses 350 hectares de vigne reposent sur des sols composés de marnes et de calcaires. Que des blancs ici, élaborés à partir du seul cépage chardonnay : des vins qui séduisent par leur riche palette aromatique, leur délicatesse et leur finesse en bouche.

Pouilly-fuissé

Direction le Mâconnais, tout au sud de la Bourgogne. Avec son tout récent classement en 1er cru, l'appellation pouilly-fuissé est définitivement entrée dans le monde des grands ! 100 % chardonnay, elle produit des vins blancs riches et complexes qui font écho à la grande diversité de ses terroirs. Attention, ne pas à confondre avec pouilly-fumé, qui est une appellation de la vallée de la Loire !

Mes vignerons chouchous

Les incontournables

ALBERT BICHOT

L'une des valeurs sûres de la Bourgogne ! Du Nord au Sud, de Chablis à Mercurey, en passant par la côte de Beaune et la côte de Nuits, cette vénérable maison beaunoise fondée en 1831 est présente sur les plus grands terroirs de la région (et même en moulin-à-vent dans le Beaujolais). Elle offre des vins d'une qualité inébranlable !

VINCENT DAUVISSAT

C'est la méga star de Chablis et à juste titre : une légende ! Les vins sont pointus, justes et d'un équilibre rare, réputés pour leur longévité : souvent fermés et austères dans leur jeunesse, ils se révèlent avec le temps. Mais l'attente est largement récompensée !

JOSEPH DROUHIN

Cette maison incontournable, fondée à Beaune en 1880 et toujours familiale, est une véritable ode à la diversité des terroirs bourguignons. Les vins allient élégance, fruité pur et harmonie, ainsi qu'une somptueuse complexité, le tout dans une approche biodynamique ! À la carte, près de 90 appellations, en côte de Beaune mais aussi en côte de Nuits et en côte chalonnaise.

TRAPET PÈRE ET FILS

À la tête de 15 hectares de vignes, la famille Trapet (Jean-Louis et son épouse Andrée, vigneronne alsacienne qui possède aussi un domaine à Riquewihr) perpétue avec un immense talent le savoir-faire familial et signe des vins qui reflètent à merveille toute la complexité et la richesse du terroir bourguignon. Le domaine, établi à Gevrey-Chambertin, vinifie selon les principes de l'agriculture biodynamique depuis 1995.

Les bons plans

CHÂTEAU DE CHAMIREY

Dans la Côte chalonnaise, Bertrand Devillard et ses deux enfants Amaury et Aurore ont bien développé cette propriété emblématique, d'une quarantaine d'hectares aujourd'hui. Une valeur sûre et abordable, en rouge comme en blanc, avec des vins tout en finesse et en légèreté ! Ils possèdent aussi l'excellent Domaine des Perdrix dans la côte de Nuits.

DOMAINE HÉRITIERS COMTE LAFON

Le petit bijou du Mâconnais, propriété de Dominique Lafon, figure emblématique et mondialement connue de Meursault. Conduit en agriculture biologique et biodynamique depuis 2003, le domaine est géré par Caroline Gon, qui vinifie des cuvées d'une qualité et d'une constante remarquables !

CHÂTEAU DES RONTETS

Ce couple franco-italien d'anciens architectes a repris et transformé le château et a immédiatement placé la barre très haut ! Certifié en agriculture biologique, le domaine propose notamment une sublime gamme de pouilly-fuissé : coup de cœur !

VIGNERONS DES TERRES SECRÈTES

Établi à Prissé, dans le sud du Mâconnais, ce collectif de vignerons, né de la fusion des caves coopératives de Prissé, Sologny et Verzé, travaille super bien l'approche parcellaire de ces beaux terroirs du Mâconnais (950 hectares de vignes pour 120 coopérateurs), toujours avec précision et à des prix imbattables !

À follow

ISABELLE ET DENIS POMMIER

Un couple que j'ai rencontré et que je n'oublierai jamais ! Tout en bio pour le pire et pour le meilleur, Denis a même écrit un livre à ce sujet : saisissant ! Établis à Chablis, ils exploitent un domaine de 18 hectares créé en 1990 et d'une grande régularité en qualité.

DOMAINE DES ROIS MAGES

Un domaine qui brille en Côte chalonnaise ! Créé en 1984 par Anne-Sophie Debavelaere, rejointe par son fils Félix, il offre des vins précis et généreux sur plusieurs appellations, à des prix encore tout doux !

DOMAINE CLUNY

Les 7 hectares de vignes sont aujourd'hui gérés par la sixième génération, Léa et Camille Cluny, installées au cœur de la côte de Nuits, à Brochon, au nord de Gevrey-Chambertin. Finesse, puissance et potentiel de garde sont au rendez-vous !

MAISON CHAMPY

Une belle endormie qui se réveille ! Fondée en 1721, c'est la plus ancienne maison de négoce bourguignonne, établie dans le centre historique de Beaune. Elle possède aussi 28 hectares de vignes en propre, essentiellement sur la côte de Beaune. Les vins produits en agriculture biologique sont d'une superbe finesse. On fonce !

La Champagne

La Champagne, un nom qui fait pétiller ! Le vignoble le plus septentrional de France, symbole de fête, donne naissance à l'un des vins les prestigieux au monde, unique et pourtant si divers.

SURFACE VITICOLE
34 300 hectares

PRODUCTION
2,1 millions d'hectolitres

% PAR COULEUR
blanc 92 %, rosé 8 %

CÉPAGES ROUGES
pinot noir, pinot meunier

CÉPAGES BLANCS
chardonnay, pinot blanc, pinot gris, arbane, petit meslier

TYPES DE VINS
effervescents blancs et rosés, blancs secs tranquilles (coteaux-champenois), rouges tranquilles (coteaux-champenois), rosés (coteaux-champenois, rosé-des-riceys)

L'avis de Margot

Grande fan depuis toujours, j'ai commencé par les grandes maisons, fait le tour des caves remplies d'histoires magiques… Puis j'ai découvert l'autre visage de la Champagne : celle des « petits », des vignerons, des artisans du goût qui sont par milliers à façonner le visage de la Champagne d'aujourd'hui. Moi qui pensais que la Champagne était figée, chic derrière ses bulles, sans trop d'innovation et d'ouverture, je me suis largement trompée. La Champagne ce sont des grandes maisons de négoce et des petits vignerons, qui tous innovent, se remettent en question, font le choix d'une viticulture plus saine et souvent de dosages plus légers. Revalorisation des cépages oubliés, travail parcellaire, bio, extra-brut ou 0 dosage, le champagne se pare d'un nouveau style, plus contemporain et *punchy* !

Vinorama de la Champagne

Un peu de géographie

MONTAGNE DE REIMS
Loin des sommets alpins, la montagne de Reims culmine à 300 m d'altitude et se distingue ainsi des autres sous-régions. Cette zone, parmi les plus prestigieuses avec ses nombreux grands crus (Aÿ, Louvois, Sillery, Verzy, etc.) et premiers crus, s'étale de Reims à Épernay sur de beaux sols de craie, de marne, d'argile et de sable.

CÔTE DES BLANCS
C'est dans ce beau paysage crayeux en prolongement de la montagne de Reims que s'épanouit le chardonnay, dominant ici et qui se marie à la perfection avec ce sol de craie pour donner une belle tension aromatique ! Vallée de la Marne : elle tire son nom de la Marne, qu'elle suit d'Épernay vers Château-Thierry. Elle est connue notamment pour ses beaux champagnes vineux nés de pinot meunier.

SÉZANNAIS
Cette petite région située au sud de la côte des Blancs fait beaucoup parler d'elle avec des vignerons qui se bougent et qui profitent de ses beaux sols de craie très chardonnay *friendly* !

CÔTE DES BAR
Située dans l'Aube, on y trouve des champagnes souvent plus charpentés, nés de raisins plus mûrs, offrant de belles expressions de terroir. Le pinot noir se plaît particulièrement sur ce sol kimmeridgien (le même qu'à Chablis, à 1 heure de route) et donne aussi le fameux rosé-des-riceys (voir ci-contre).

VIGNOBLES « PÉRIPHÉRIQUES »
S'ajoutent à ces zones, les vignobles « périphériques » de Vitry-le-François, de la vallée de l'Ardre, de Montgeux et du massif de Saint-Thierry.

Des bulles et des vins tranquilles

Outre l'appellation champagne, dédiée aux seules bulles, la Champagne propose aussi deux appellations de vins tranquilles.

LES COTEAUX-CHAMPENOIS existent dans les trois couleurs, mais surtout en rouge ; des vins nés de pinot noir, pinot meunier et chardonnay. Beaucoup d'entre eux assemblent plusieurs années et ne sont donc pas millésimés.

LE ROSÉ-DES-RICEYS, produit dans l'Aube, est un rosé de saignée (voir p. 32) issu du pinot noir et dont le fameux « goût des Riceys » évoque l'amande, la grenadine ou encore la bergamote.

Vignerons et maisons de Champagne : deux mondes qui se côtoient

Spécificité champenoise, les statuts des producteurs doivent être indiqués sur l'étiquette. Deux catégories dominent : les vignerons et les maisons de Champagne. Si les premiers (environ 1 600) possèdent l'essentiel du vignoble, les 350 maisons de Champagne assurent les trois quarts du chiffre d'affaires et 80 % des exportations. Alors quelles différences entre les deux ? Les maisons de Champagne appartiennent à la catégorie « négociant-manipulant » (NM sur les étiquettes) : des négoces qui achètent des raisins, des moûts ou des vins aux vignerons pour les vinifier et les commercialiser. Elles possèdent aussi le plus souvent leurs propres vignes. Les vignerons sont souvent en catégorie « récoltant-manipulant » (RM) : ils travaillent uniquement leurs propres parcelles, sans acheter d'autres raisins, qu'ils vinifient et vendent eux-mêmes. Certains vignerons sont « récoltants-coopérateurs » (RC) et confient tout ou partie de leurs raisins à une « coopérative de manipulation » (CM), qui vinifie et commercialise le champagne en son nom ou au nom du vigneron.

Les styles de champagne

Ils varient selon le dosage et de l'assemblage (voir p. 34-35), les champagnes pouvant associer des cépages ou des millésimes différents, et même des vins rouges et blancs pour les rosés.

BRUT SANS ANNÉE

La catégorie la plus répandue, qui concerne les champagnes nés de l'assemblage de plusieurs millésimes ; des cuvées souvent plus légères et faciles d'accès.

BLANC DE BLANCS

Ce 100 % chardonnay est un de mes chouchous ! Des champagnes connus pour leur finesse, leur fraîcheur et leurs arômes floraux et fruités. Parfait avec les fruits de mer, les poissons délicats, les volailles ou un plateau de fromages.

BLANC DE NOIRS

Un champagne vinifié en blanc mais à partir d'un ou plusieurs cépages noirs (pinot meunier et/ou pinot noir). Plus vineux, il s'exprime avec plus de puissance sur les fruits et les épices. Idéal pour tout un repas.

MILLÉSIMÉ

Un champagne né d'une seule et même année de vendange, indiquée sur la bouteille et le bouchon, en général une top année. Des cuvées souvent les plus prestigieuses, en général plus puissantes et complexes, longuement vieillies et de belle garde.

ROSÉ

Il peut être issu de l'assemblage de vin rouge et de vin blanc (voir p. 32), qui donne un rosé souvent plus simple et clair, ou de « saignée » lorsqu'il provient de la macération de cépages noirs pour un style plus vineux et complexe.

L'échelle des crus

En Champagne, il existe des grands et premiers crus, qui sont définis selon « l'échelle des crus » : un prix d'achat du kilo de raisin par le négoce est fixé pour les communes productrices en fonction de la qualité de ses raisins. Les 17 grands crus ont le coefficient 100 % (le raisin s'y achète à 100 % du prix), 90 à 99 % pour les 44 premiers crus, 80 à 89 % pour les communes non classées.

Les grands crus de Champagne

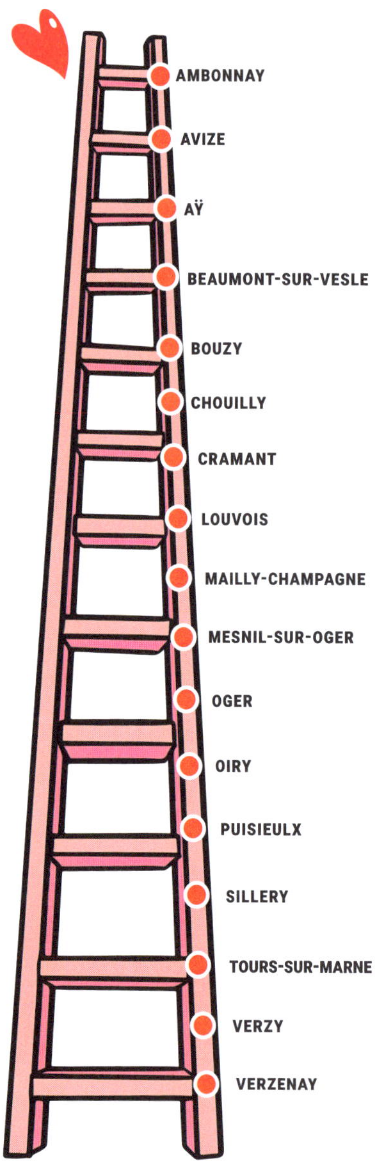

Mes Top cépages

Si 7 cépages sont autorisés en Champagne (pinot noir, pinot meunier, chardonnay, arbane, petit meslier, pinot blanc, pinot gris), les trois premiers trustent à eux seuls 99 % des surfaces !

Le chardonnay

Ce cépage super élégant peut se présenter en version florale et fraîche dans les blancs de blancs ou plus vineuse et riche après de longs élevages, notamment en version champagne millésimé!

Le pinot noir

Surtout cultivé dans la montagne de Reims et dans l'Aube, il offre une version plus vineuse et charpentée du champagne, notamment en version blanc de noirs.

Le pinot meunier

Ce cépage résistant aux gelées hivernales donne un style plus vineux, mais avec aussi de la tendresse, de la souplesse, beaucoup de fruits et de gourmandise..

Mes Vignerons chouchous

Les incontournables

DRAPPIER
L'Aubois Michel Drappier sort du lot par son utilisation de cépages rares (arbanne et petit meslier), mais aussi par ses faibles dosages. Mention spéciale pour son 100 % pinot noir brut nature !

KRUG
Dans la version luxe, on apprécie la précision et le soin admirables de cette maison, dont les cuvées sont issues d'assemblages minutieux et vieillissent longuement dans d'impressionnantes caves.

LAURENT-PERRIER
Une célèbre maison de négoce encore familiale et indépendante, avec à sa tête deux femmes de génie, Alexandra Pereyre et Stéphanie Meneux. Les champagnes sont suaves et raffinés. La maison détient aussi les très réputées marques Salon et Delamotte.

BRUNO PAILLARD
L'une des plus jeunes maisons de Champagne, créée en 1981 et qui signe des cuvées haut de gamme, « très chardonnay », aux dosages très réduits, d'une belle expressivité et d'une grande délicatesse.

Les bons plans

MARIE COPINET
Un domaine qui étend l'essentiel de ses vignes dans le Sézannais et la côte des Bar, conduit en bio, et qui met à l'honneur les cépages avec de belles cuvées 100 % chardonnay ou 100 % meunier.

A.R. LE NOBLE
Un domaine discret basé à Damery, dans la vallée de la Marne, qui produit de bons champagnes aux dosages bas, tout en fruit et en fraîcheur.

LOMBARD
Une maison qui a le vent en poupe et qui se renouvelle avec l'arrivée du jeune et talentueux Thomas Lombard à la direction : approche pointue du parcellaire, faibles dosages, approvisionnement de qualité en majeure partie en grands et 1ers crus. Et les prix restent très sages !

À follow

DAVID FAIVRE
Un vigneron ultra dynamique, même sur les réseaux sociaux, qui ne ménage pas ses efforts pour valoriser son travail en bio et son approche parcellaire de la vallée de la Marne.

FRANCK PASCAL
Véritable engagement bio puis biodynamique, avec une approche ultra parcellaire. Les champagnes, aux dosages réduits, expriment ici tout leur caractère issu de leur terroir d'argile, de meulière ou de silex.

JEAN SERVAGNAT
Un seul et unique terroir pour ce domaine : Coulommes-la-Montagne, dans la montagne de Reims. Jean Servagnat a fait de ce lieu son terrain de jeu qu'il décline aussi bien en millesimés qu'en parcellaires ou en assemblages !

LECLERC-BRIANT
Précurseur de la biodynamie en Champagne, cette maison produit des champagnes élégants et complexes qui en font un de mes coups de cœur. Indémodable !

Le Jura

C'est la plus petite région viticole de France mais aussi l'une des plus dynamiques, fascinante par la diversité de ses vins et par son paysage !

L'avis de Margot

J'adore les cépages autochtones du Jura, que l'on peut travailler de différentes façons. En rouge, trousseau et poulsard donnent un vin léger, fruité et un brin épicé, une bonne alternative au pinot noir. En blanc, ma révélation, c'est le savagnin. En mode ouillé, il est sec et fruité ; en mode non ouillé, version vin jaune (ou « sous voile »), les arômes vont de la noix au miel ; en liquoreux, le vin de paille offre une palette de dingue (fruits secs, fruits confits, coing, prune…) et le macvin (vin de liqueur) se montre complexe, intense, au top à l'apéro !

SURFACE VITICOLE
1850 hectares

PRODUCTION
78 000 hectolitres

% PAR COULEUR
blanc 65 %, rouge 35 %

CÉPAGES ROUGES
poulsard, trousseau, pinot noir

CÉPAGES BLANCS
chardonnay, savagnin

TYPES DE VINS
blancs secs, blancs doux (vin de paille), vins jaunes, rouges, rosés, effervescents (crémant)

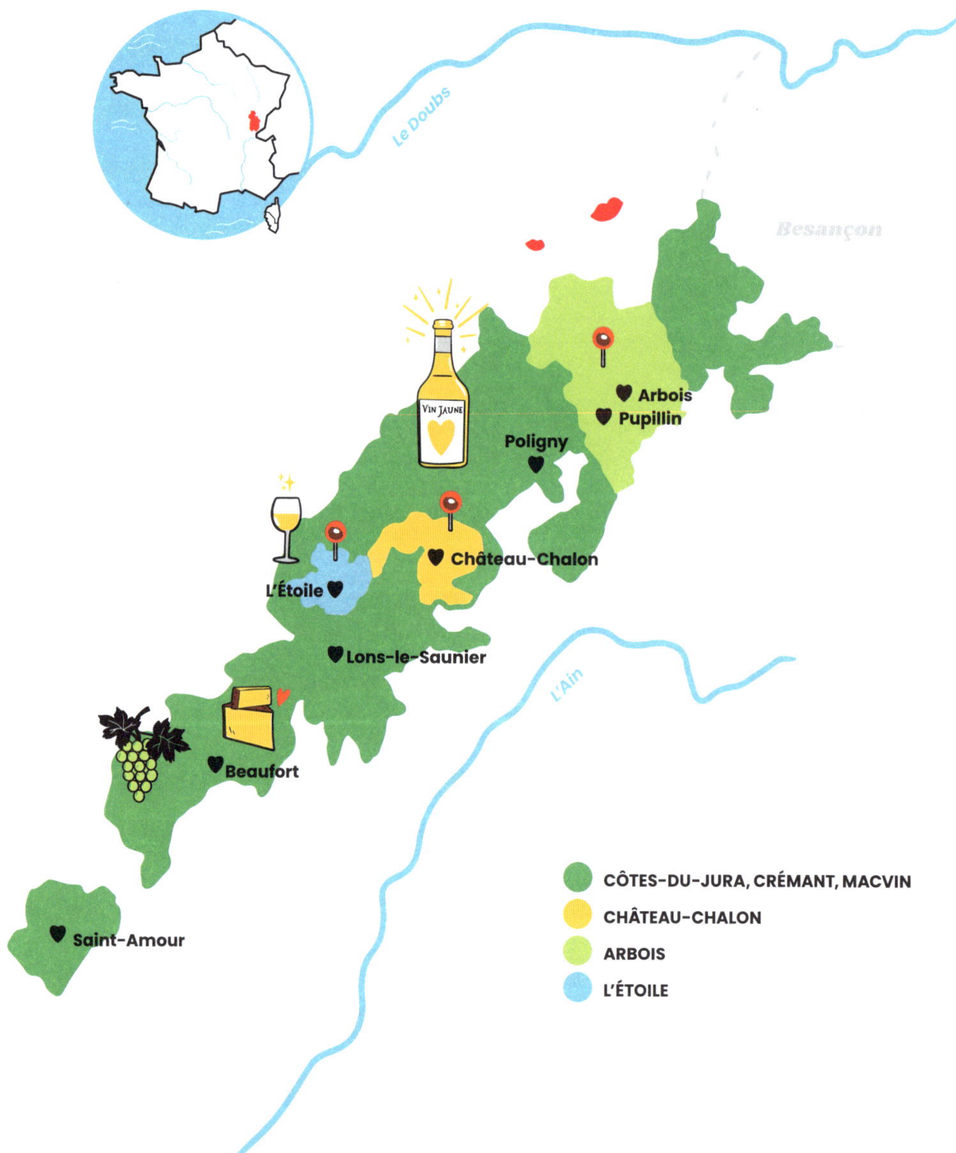

Mes Top cépages

Le savagnin
Le cépage emblématique du Jura, seul à bord dans les vins jaunes, grands blancs de garde, puissants, complexes, secs et d'une belle acidité, sur les fruits à coque (amande, noix) et les épices comme le curry.

Le chardonnay
Le cépage dominant. Seul ou assemblé avec le savagnin, il ressemble au « cousin » -bourguignon mais avec moins de gras. Très polyvalent à table, il est top avec des fruits de mer, de la volaille ou du fromage local.

Le poulsard
Il donne de jolis vins d'un rouge léger, presque rosés, aux saveurs de fruits rouges et d'épices, gourmands et faciles à boire. Parfait à l'apéro avec des charcuteries ou des terrines.

Le trousseau
Ce cépage autochtone (moins de 10 % du vignoble) produit des vins denses, intensément fruités, parfois « terreux » et poivrés, souvent d'une longueur étonnante. Certains peuvent se conserver plus de dix ans !

Mes appellations crush

Arbois
La plus ancienne et la plus étendue des appellations du Jura (770 hectares). Célèbre pour ses vins jaunes et ses vins de paille, elle produit pourtant plus de rouges et de rosés que de blancs.

Château-chalon
Petite AOC de 60 hectares dédiée exclusivement au magnifique vin jaune, né du seul savagnin et sur seulement quatre communes (Château-Chalon, Menétru-le-Vignoble, Nevy-sur-Seille et Domblans).

Côtes-du-jura
Avec 600 hectares sur plus de 105 communes, l'appellation regroupe la gamme complète des vins jurassiens : blancs, rosés, rouges, vins jaunes et vins de paille, même si les blancs dominent ; des vins ronds, fruités, généreux.

L'Étoile
Cette petite AOC (67 hectares) tient son nom des cinq monts qui l'entourent comme les branches d'une étoile. Elle propose des blancs élégants et fins parmi les meilleurs du Jura et aussi les originaux vins de paille et vins jaunes.

Mes vignerons chouchous

Les incontournables

DOMAINE ANDRÉ ET MIREILLE TISSOT
Star incontestée de la région, Stéphane Tissot produit des vins sublimes adorés par les amateurs et les critiques.

DOMAINE JEAN MACLE
LA star de l'AOC château-chalon ! Certifié en bio depuis 2015, le vignoble est entièrement planté en blanc.

DOMAINE GANEVAT
On en boit que trop rarement mais les vins, proches des vins nature, sont à tester absolument ! Un domaine certifié en biodynamie depuis 2014.

Les bons plans

MAIRE ET FILS
Un acteur incontournable du Jura qui possède une large gamme bien construite et cohérente à prix sages.

DOMAINE ROLET PÈRE ET FILS
Une valeur sûre avec des vins équilibrés et fins qui expriment à merveille la richesse du terroir jurassien.

BERTHET-BONDET
Un des plus grands vignerons de Château-Chalon ! Ce couple a repris le vignoble en 1984 et travaille avec précision et élégance.

À follow

GUILLAUME OVERNOY
Le neveu du grand Pierre Overnoy. À seulement 24 ans, il conduit son domaine (en biodynamie) avec énergie et talent.

DOMAINE PIGNIER
Domaine conduit par la 7e génération, une fratrie passionnée et connaisseuse de ses terroirs. Le *must-have* ? Le chardonnay, au top !

CAVEAU DE BACCHUS
Ce petit domaine signe des vins de terroir et de caractère, notamment des trousseaux d'une qualité exceptionnelle !

La Savoie et le Bugey

Un vignoble des hauteurs qui… monte ! Certes, il reste assez confidentiel par sa taille, mais il regorge de vignerons engagés et de cépages autochtones à découvrir sans tarder.

L'avis de Margot

Un vignoble au climat frais, plus connu pour ses (souvent mauvais) vins servis dans les stations de ski. Et pourtant, que de pépites à découvrir, avec des vignerons qui font le choix de garder leurs cépages autochtones, même mal connus, parfois mal aimés : je trouve cela un brin révolutionnaire et… sexy ! On trouve en blanc la jacquère, la roussette, le chasselas, le gringet, le bergeron ou encore les rares mondeuse blanche, malvoisie ou molette. Les rouges sont aussi merveilleux, pas trop tanniques et pleins de fraîcheur, nés de mondeuse, gamay, pinot noir ou persan. Bref, un concentré de vins insolites à découvrir d'urgence avant que les prix ne.. grimpent !

SURFACE VITICOLE
2100 hectares (Savoie), 460 hectares (Bugey)

PRODUCTION
120 000 hectolitres

% PAR COULEUR
blanc 70 %, rouge 20 %, rosé 6 %, effervescent 4 %

CÉPAGES ROUGES
mondeuse, gamay, pinot noir, persan, poulsard (Cerdon)

CÉPAGES BLANCS
jacquère, altesse (roussette), bergeron (roussanne), chasselas, chardonnay, aligoté, gringet, molette, mondeuse blanche, malvoisie

TYPES DE VINS
blancs secs, rouges, rosés, effervescents, blancs moelleux (rares)

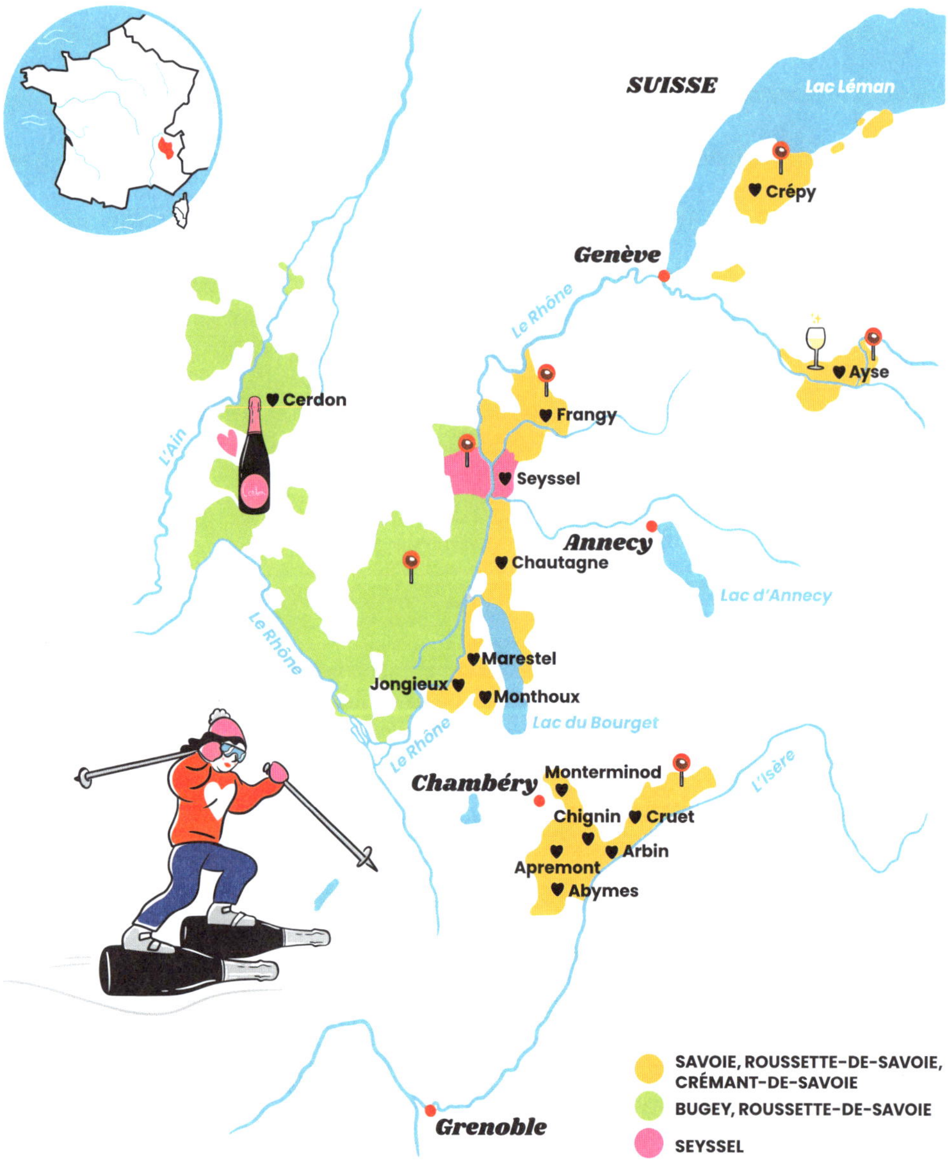

Mes Top cépages

La jacquère

Le cépage le plus répandu : 55 % du vignoble. On le trouve le plus souvent assemblé avec la roussanne (appelée localement « bergeron »), la roussette, le chasselas ou le plus rare gringet. Il donne des blancs légers, très frais et très expressifs, mêlant fleurs blanches, agrumes et pierre à fusil.

La roussette

Noble cépage que la roussette, appelée aussi « altesse », seule à l'œuvre dans la… roussette-de-savoie. Elle donne des blancs très parfumés (agrumes, ananas, noisette, amande, miel), amples, d'une grande finesse, avec une belle acidité qui favorise la garde.

La mondeuse

Ce cépage 100 % savoyard, dont on dit qu'il serait cousin de la syrah, offre des vins charpentés et très aromatiques, sur la fraise, la framboise, la mûre et de belles notes épicées. À découvrir absolument !

Mes appellations crush

Savoie

Avec ses petites parcelles parsemées au milieu des montagnes, l'appellation savoie (ou vin-de-savoie) offre un cadre idyllique pour la vigne, qui s'y épanouit en coteaux d'altitude, souvent exposés plein sud, sur des sols variés de moraines glaciaires ou d'éboulis propices à l'expression de cépages locaux.

Roussette-de-savoie

Si elle peut être produite sur toute l'aire d'appellation savoie, la roussette-de-savoie s'étend surtout sur les crus Frangy, Monthoux, Marestel et Monterminod, dont les noms peuvent être mis sur l'étiquette. Elle s'exprime uniquement avec le cépage emblématique altesse (ou roussette), à l'origine de blancs très élégants.

Seyssel

Cette discrète appellation (la plus ancienne de Savoie) propose des vins blancs tout aussi humbles, d'une belle finesse et tout en retenue, nés des cépages 100 % locaux altesse et molette, qui s'épanouissent sur des sols morainiques. Elle produit aussi des blancs effervescents en méthode traditionnelle, avec du chasselas en plus.

Bugey

Petite appellation assez méconnue de 460 hectares, dans un paysage de petites montagnes et de belles prairies, elle est cultivée par quelques 80 vignerons qui ont longtemps œuvré, jusqu'en 2009, pour que Bugey devienne une AOC. Un *coming back* incroyable quand on sait que la vigne a failli disparaître avec le phylloxera ! On y produit des vins tranquilles dans les trois couleurs et surtout des bulles en méthode traditionnelle, mais c'est le Cerdon qui fait sa réputation : un effervescent rosé demi-sec, élaboré selon la méthode ancestrale (voir page 74), très aromatique et peu alcoolisé, né de gamay et de poulsard.

Mes vignerons chouchous

Les incontournables

DOMAINE DES ARDOISIÈRES

Un beau vignoble pionnier de la biodynamie dans un paysage complexe où les pentes peuvent atteindre 70 % ! Un vrai travail d'artiste qui s'exprime avec de beaux assemblages de cépages locaux.

Les bons plans

DOMAINE DES CÔTES ROUSSES

Adepte du bio puis certifié biodynamie en 2020, ce domaine est plein d'audace dans ses choix au chai : pas de soufre, pas d'éraflage pour les rouges. À suivre avec attention !

À follow

DOMAINE DES PIERRES ROSES

Avec ses étiquettes originales, ce domaine est aussi la promesse de vins de qualité, certifiés en bio et en biodynamie.

Le Languedoc-Roussillon

Vaste amphithéâtre tourné vers la Méditerranée, le vignoble du Languedoc-Roussillon est le plus vaste de France, dominé par des vins rouges solaires. Une terre d'élection aussi pour les vins doux naturels, et pour les IGP ; une terre qui regorge de nombreuses pépites pour l'amateur.

SURFACE VITICOLE

246 000 hectares en La. et 20 700 hectares en Ro.

PRODUCTION

2,7 millions d'hectolitres en La. et 600 000 hectolitres en Ro.

% PAR COULEUR

Languedoc : rouge 76 %, rosé 14 %, blanc 10 %
Roussillon : rouge 56 %, rosé 27%, blanc 17 %

CÉPAGES ROUGES

grenache noir, syrah, carignan, mourvèdre, cinsault, cabernet-sauvignon, merlot, lledoner pelut

CÉPAGES BLANCS

grenaches blanc et gris, rolle (vermentino), piquepoul, clairette, macabeu, muscat à petits grains, muscat d'Alexandrie, marsanne, roussanne, viognier, mauzac, chardonnay, bourboulenc, chenin

TYPES DE VINS

rouges, rosés, blancs secs, vins doux naturels, effervescents

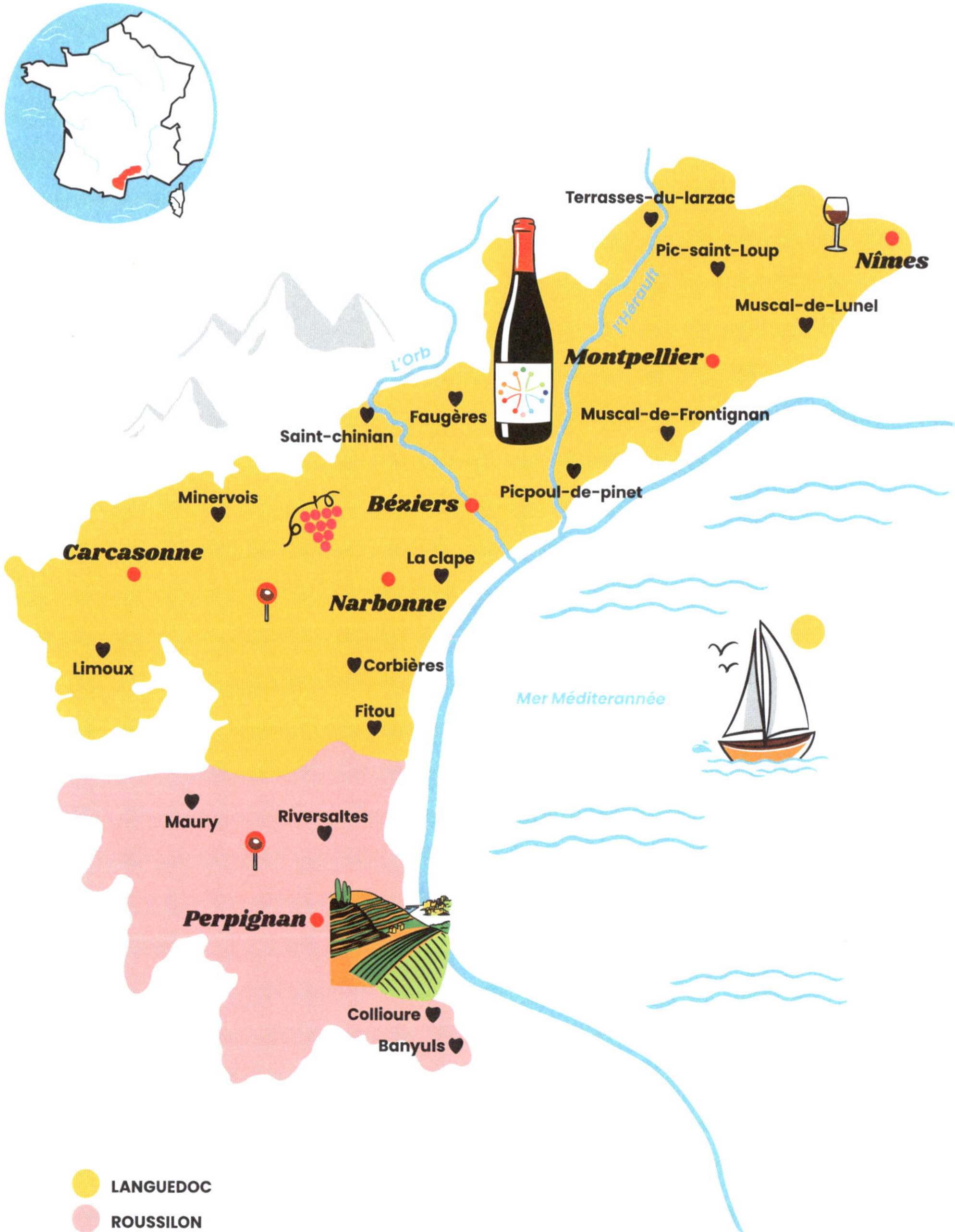

L'avis de Margot

Le Languedoc ? Je suis fan fan fan ! La région qui, à mes yeux, a le plus bougé ces dernières années. Quand j'ai commencé dans le vin, il y a dix ans, les vins étaient lourds et un brin rustiques ; aujourd'hui, rien à voir ! Les vignerons ont su travailler leurs terroirs, préserver la fraîcheur des microclimats entre mer et montagne, valoriser les cépages locaux. Mention spéciale pour les appellations limoux et terrasses-du-larzac, qui regorgent d'excellents vignerons !
Le Roussillon ? Le vignoble des extrêmes ! Entre mer et montagne, entre nouveaux et anciens vignerons, c'est un vignoble magique qui réunit en peu d'hectares une combinaison surprenante de cépages et de sols, et qui offre une vraie réserve de bons plans dans les trois couleurs ! Mention spéciale pour les vins doux naturels : je suis une fan des maury et des banyuls, au top en apéro ou sur un dessert au chocolat, mon péché mignon !

Vinorama du Languedoc-Roussillon

Le Languedoc, terre de rouges

Principal vignoble français en surface et en volumes, notamment grâce à ses nombreuses IGP (voir encadré et p. 85), le Languedoc s'étend en arc de cercle depuis Nîmes jusqu'aux Pyrénées. Un vaste vignoble – l'un des plus anciens du pays, fondé à l'époque gréco-romaine – unifié par un climat méditerranéen.
Une région qui a connu une grande révolution dans les années 1980, passant d'une production de masse de « gros rouges » à un vignoble hautement qualitatif, avec un renouveau à la vigne et au chai sous l'influence de nouvelles générations, avec la création (toujours en cours) de nombreuses AOC et IGP valorisant la diversité des terroirs et des cépages ; une région également pionnière en bio grâce à son climat qui éloigne les maladies.
Le Languedoc est avant tout une terre de rouges, nés des cépages méditerranéens traditionnels (grenache et syrah en tête, suivis du mourvèdre, du cinsault et du carignan), en général assemblés, mais les rosés et les blancs progressent, sans oublier les traditionnelles bulles du côté de Limoux et les vins doux naturels nés du muscat.

La très vaste appellation régionale languedoc (ex-coteaux-du-languedoc) s'étend sur toute la région et peut être complétée de onze dénominations (Grès de Montpellier, Sommières, Montpeyroux…), peut-être de futures AOC. On trouve ensuite les sous-régionales (saint-chinian, faugères, limoux, minervois…) et les communales ou « crus » (terrasses-du-larzac, la clape, pic-saint-loup, minervois-la-livinière, corbières-boutenac).

Une terre d'IGP

Cette catégorie représente 70 % des vins du Languedoc et presque autant de la production nationale en IGP, avec les Pays d'Oc en tête, qui fournissent plus de la moitié des volumes des IGP français. De nombreux vins d'entrée de gamme, mais aussi de vraies pépites signées par des domaines célèbres (Mas Daumas Gassac, Grange des Pères…) qui veulent sortir des contraintes des appellations.

Le Roussillon, terre de vins doux naturels

Le vignoble le plus méridional de France, solaire et très sec mais balayé par les vents. Il s'étend dans le département des Pyrénées-Orientales, cerné par les massifs des Corbières au nord, des Albères au sud et du Canigou à l'ouest, et la Méditerranée à l'est.
Une terre promise pour les vins doux naturels depuis le Moyen Âge (voir page 74). Et si la production de banyuls, maury, rivesaltes et muscat-de-rivesaltes a baissé, la région produit encore aujourd'hui 80 % des VDN français.
Une spécialité qui met à l'honneur le grenache, qu'il soit noir, gris ou blanc, cépage principal de la région. On trouve aussi principalement la syrah, le lledoner pelut, le carignan ou encore le mourvèdre en rouge, le muscat à petits grains, le muscat d'Alexandrie, le macabeu, le tourbat, le vermentino, le viognier en blanc.
Aux côtés des VDN, le Roussillon produit aussi des vins secs dans les trois couleurs : en côtes-du-roussillon, côtes-du-roussillon-villages (dont les plus réputés en dénomination Tautavel, Lesquerde, Caramany, Latour-de-France ou Les Aspres), maury sec et collioure. À noter également la rare et très locale production de rancio sec (voir page 74).

Mes Top cépages

Le macabeu

D'origine catalane, le macabeu (ou macabeo) occupe un peu moins de 9 000 hectares, concentrés à 90 % dans les Pyrénées-Orientales. Il donne naissance à des vins blancs secs puissants et fruités, avec des arômes de fleurs blanches, de fruits exotiques, de miel et de fenouil. Perso, je le marie toujours avec de la daurade au four, de la paella ou des sardines grillées ! Bon appétit !

Le grenache noir

Particulièrement réputé dans le Roussillon pour ses vins doux naturels, ce cépage vigoureux et résistant à la sécheresse donne des vins en général riches et généreux, aux arômes de fruits noirs comme le pruneau ou la figue, soulignés par des notes de cacao, de café et d'épices. Je ne m'en lasse pas !

Mes appellations crush

Banyuls

Un vignoble spectaculaire, planté en terrasses sur les coteaux pentus et schisteux de la Côte Vermeille, jusqu'à 400 m d'altitude. En résulte des vins doux naturels très expressifs, puissants et élégants, à déguster avec du foie gras, des fromages persillés et des desserts au chocolat ou au café. Le seul VDN à pouvoir bénéficier de la mention grand cru.

La clape

En occitan, la clape désigne un « tas de pierres ». Une jeune appellation reconnue en 2015 dont les sols très variés donnent des vins rouges (80 %) et blancs somptueux, élégants et fruités, qui fleurent bon la garrigue et profitent de la fraîcheur liée à l'altitude. Canon !

Corbières-boutenac

Ce cru communal 100 % rouge, reconnu en 2005, s'affine de millésime en millésime, avec des vins charpentés à dominante de cargignan, sur le cacao, le café et la réglisse. On les accompagne de gibiers en sauce, de côtelettes d'agneau grillées ou de poêlées de cèpes, et le tour est joué !

Côtes-du-roussillon

Issus de tout le vignoble, l'appellation produit essentiellement des rouges, très colorés, puissants, généreux, des rosés corsés et quelques blancs délicats, aux notes d'agrumes et de fruits blancs. Des vins pleins de soleil pour voyager à travers son verre !

Faugères

Produite sur les collines schisteuses de l'Espinouse, au pied de la Montagne noire, cette appellation du Languedoc propose des vins essentiellement rouges, amples et puissants, nés des classiques cépages méditerranéens (syrah, grenache, mourvèdre, carignan…), des rosés ronds et de rares blancs, onctueux et gras.

Maury

Plantée par des soldats après le passage d'Hannibal sur ces terres de schistes noirs, à l'ombre du château cathare de Quéribus, cette appellation est un magnifique terroir de vin doux naturel, complexe et chaleureux, et depuis 2011 de rouges secs à dominante de grenache.

Limoux

Cette AOC de la vallée de l'Aude revendique la première bulle au monde, née en 1531 dans l'abbaye de Saint-Hilaire et ancêtre de la blanquette-de-limoux méthode ancestrale (voir p. 76) ! Elle propose aussi des blanquettes en méthode traditionnelle et des crémants, et surtout de beaux vins blancs tranquilles structurés et frais, nés de chardonnay, de chenin et d'un peu de mauzac, obligatoirement élevés en fût, et des rouges solides, associant cépages bordelais et méditerranéens.

Terrasses-du-larzac

Mon appellation coup de cœur de ces dernières années, et je ne suis pas la seule ! Une appellation toute fraîche (2015), qui a le vent en poupe et qui, bénéficiant du soleil languedocien et de la fraîcheur du plateau du Larzac, offre des vins solaires mais sans lourdeur, à la fois solides, frais et fruités.

Mes Vignerons chouchous

Les incontournables

GÉRARD BERTRAND

Pionnier de la biodynamie depuis 2002, ce vigneron et négociant de référence du Languedoc-Roussillon, enfant des Corbières et ancien rugbyman, est très réputé pour la qualité de ses vins mais aussi pour son audace et sa créativité. Il possède quelque 850 hectares répartis sur 16 domaines et de nombreuses appellations (corbières, fitou, minervois, languedoc, côtes-du-roussillon). À la carte, une large gamme allant de bons vins d'entrée de gamme à des cuvées beaucoup plus *high level*.

MAS JULLIEN

Sur une de mes appellations favorites (terrasses-du-larzac), ce domaine très réputé, fer de lance du renouveau des vins du Languedoc dans les années 1980, produit des vins rouges, blancs et rosés au sommet de la production languedocienne, d'une régularité sans faille. Olivier Jullien travaille ses vignes en agriculture biologique, après avoir renoncé à la certification par souhait d'indépendance. Chapeau !

DOMAINE OLIVIER PITHON

Ce vigneron mythique – petit-fils de vigneron de l'Anjou et frère de Jo Pithon, icône des coteaux-du-layon – a redynamisé le Roussillon ! Ses vins, essentiellement en IGP Côtes catalanes, sont tous en biodynamie et, en rouge comme en blanc, tous absolument délicieux !

Les bons plans

VIGNOBLES FONCALIEU

Cette union de caves coopératives du Languedoc, regroupant quelque 650 vignerons, bosse super bien les appellations souvent sous-estimées comme saint-chinian, minervois, corbières et bien d'autres autour de l'Aude, mettant en avant leurs cépages autochtones.

PAUL MAS

Derrière, un homme visionnaire et de grand talent, le vigneron-négociant Jean-Claude Mas, fervent défenseur des terroirs du Languedoc, fait des merveilles à mini prix ! Une valeur sûre à la tête d'un vaste vignoble de plus de 600 hectares, auxquels s'ajoutent les 1 300 hectares des vignerons partenaires !

LES VIGNERONS CATALANS

Décidément, la région regorge de collectifs de vignerons ultra dynamiques ! Les Vignerons Catalans rassemblent 9 caves coopératives, 2 500 adhérents et une quarantaine de caves privées élaborant une palette très variée de vins tranquilles et de vins doux naturels, depuis l'entrée de gamme jusqu'au très haut de gamme en VDN.

À follow

CASSAGNES ET VITAILLES

Révélation en terrasses-du-larzac, ce vignoble en biodynamie ultra parcellaire de 7,85 hectares est conduit par deux amis – Matthieu Rollin et Nicolas Seffusatti – qui produisent selon les principes de la biodynamie des vins de caractère, racés et équilibrés, dans le plus grand respect de leur terroir argilo-calcaire.

CLOS CENTEILLES

Ce top domaine est porté par une vigneronne passionnante et passionnée, Patricia Boyer-Domergue, qui partage désormais son patrimoine avec sa fille Cécile. Mère et fille réalisent des vins hors des sentiers battus, précis, avec une palette de saveurs authentiques !

DOMAINE DE VÉNUS

Un domaine situé dans le Haut-Agly (Roussillon). Dès que je le vois à la carte d'un resto, je le prends direct ! Les vins sont vraiment délicieux et pleins d'élégance, élaborés par une belle équipe d'amis passionnés de vin.

La Provence

Le soleil, la Méditerranée, le chant des cigales, les senteurs de la garrigue et… le rosé ! La Provence viticole voit la vie en rosé certes, à 90 %, mais pas que ! On y trouve aussi de bien jolis blancs et des rouges de caractère.

SURFACE VITICOLE
26 680 hectares

PRODUCTION
1 320 000 hectolitres

% PAR COULEUR
rosé 89 %, rouge 7 %, blanc 4 %

CÉPAGES ROUGES
cinsault, grenache, mourvèdre, syrah, tibouren cabernet-sauvignon, carignan

CÉPAGES BLANCS
rolle (vermentino), clairette, ugni blanc, sémillon, bourboulenc, sauvignon

TYPES DE VINS
rosés, rouges, blancs secs

l'avis de Margot

Je pensais que la Provence était une terre uniquement dédiée au rosé d'été, mais j'avais tout faux ! Lors de mon dernier voyage, j'y ai découvert des grands rouges et même de garde (dont les fameux crus classés de Provence), des blancs sublimes, élégants et frais comme j'aime et puis *of course* des rosés ! Oui mais DES rosés et pas du rosé ! Car en réalité, il y a mille nuances de rosés : selon le terroir, l'appellation, la vinification, les cépages... J'ai appris, par exemple, qu'il existe de grands rosés de garde, des rosés de caractère avec une longueur incroyable en bouche ! Pour couronner le tout, les vignerons sont d'une rare gentillesse et très accueillants. Bref, faites vos valises !

Vinorama de la Provence

La vie en rosé

Si l'on trouve ici les trois couleurs, la Provence voit le vin en rosé, consacrant près de 90 % de sa production à cette couleur, et 40 % des rosés produits dans le monde viennent de Provence ! Une production d'une grande diversité, avec une dominante de rosés pâles, légers, méga frais et fruités, le plus souvent issus de pressurage direct (voir p. 32); mais on trouve aussi des rosés provençaux plus riches, plus puissants, nés en général d'une plus longue macération. Les rosés offrent en plus un avantage financier très intéressant pour les producteurs : ils sont vendus très vite après son élaboration, avec donc peu de frais d'élevage et de stockage.

Des cépages à foison

La Provence offre une grande diversité de cépages. Les principales variétés rouges sont la syrah, le grenache, le cinsault, souvent utilisé en rosé, le tibouren, authentiquement provençal, le mourvèdre, roi de Bandol, le carignan, le cabernet-sauvignon... En blanc, on trouve notamment l'expressif rolle (ou vermentino), l'ugni blanc et son fruité délicat, la clairette, cépage provençal très ancien, le sémillon ou encore le bourboulenc.

Les côtes-de-provence et les autres

La Provence est largement dominée en volume par les côtes-de-provence (20 000 hectares), parfois associées à une dénomination géographique (Sainte-Victoire, Fréjus, La Londe, Pierrefeu, Notre-Dame-des-Anges : voir carte). Puis viennent les coteaux-d'aix-en-provence (4 100 hectares) et les coteaux-varois-en-provence (2 600 hectares). Situées plus en altitude, ces deux appellations donnent des vins souvent plus frais. On trouve aussi 5 appellations plus petites (5 % de la production locale) : bandol et ses grands rouges (même si le rosé y domine), cassis et ses blancs raffinés, les baux-de-provence et les micro-appellations bellet et palette, grignotées par les villes de Nice et d'Aix, qui offrent des vins de caractère grâce notamment à des cépages rares : braquet et fuella nera en rouge (bellet), picardan en blanc (palette). Toutes ses appellations proposent des vins dans les trois couleurs.

Crus classés de Provence

Moins connus que ceux du Bordelais, les crus classés de Provence ont été établis en 1955, uniquement en appellation côtes-de-provence, dans les trois couleurs, pour la qualité de leurs terroirs et de leur réputation. Des 23 domaines initiaux, il n'en reste que 18, cinq d'entre ayant disparus : Domaine de l'Aumérade, Château de Brégançon, Domaine de la Clapière, Clos Cibonne, Domaine de la Croix, Château du Galoupet, Domaine du Jas d'Esclans, Château Mauvanne, Château Minuty, Clos Mireille (Dom. Ott), Domaine du Noyer, Domaine de Rimauresq, Château Roubine, Château Sainte-Marguerite, Château de Saint-Martin, Château de Saint-Maur, Château Sainte-Roseline, Château de Selle (Domaine Ott).

Mes Top cépages

Le rolle
Ce cépage 100 % méditerranéen, venu de Turquie, donne des vins méga-aromatiques, gras et équilibrés dont on se délecte ! C'est une explosion d'arômes de pamplemousse, de fruits blancs, de fleurs blanches ou encore de fenouil. Un vrai bouquet du Sud 100 % plaisir, que l'on trouve aussi en Corse ou encore en Italie sous le nom de vermentino.

Le mourvèdre
Ce cépage en provenance d'Espage, où il porte le nom de monastrell, a posé ses valises il y a quelques siècles sur le pourtour méditerranéen, et depuis il n'en bouge plus ! Très souvent assemblé avec d'autres variétés, il trouve son QG principal à Bandol, où l'appellation en exige au minimum 50 % dans ses vins rouges. Il donne des vins colorés, charpentés, complexes, sur des arômes de fruits noirs et d'épices, avec souvent des notes animales. Bref, un cépage de caractère !

Mes appellations crush

Bandol
Sur les bords de la Méditerranée, entre pinèdes et calanques, se trouve la belle appellation bandol. Terre promise du mourvèdre, on obtient ici des vins rouges de grande garde, les plus réputés de Provence et parmi les plus illustres de France. Des vins intenses, charpentés, sur les fruits noirs, les épices et les notes de garrigue et de thym. Mais ce sont les rosés qui dominent ici en volume : des rosés souvent corsés, généreux. Quant aux rares blancs, ils méritent aussi notre attention par leur style souvent puissant et complexe, qui traduit une belle expression des terroirs.

Baux-de-provence
Au cœur des Alpilles, ces petites montagnes provençales, les vignes de l'appellation baux-de-provence puisent dans un sol très caillouteux, autour de la magnifique citadelle des Baux, leurs ressources pour faire face au mistral, dont le souffle puissant couplé du climat méditerranéen révèle la jolie identité des vins, dans les trois couleurs.

Bellet
Vignoble insolite aux portes de Nice, sur les contreforts des Alpes et dominant la Méditerranée, l'appellation bellet est un joyau de la Provence. Les vignes bénéficient d'un soleil radieux et se partagent entre… 9 domaines ! Bellet a le profil méditerranéen et le cœur alpin par le vent montagnard qui la rafraîchit doucement la nuit.

Cassis
Cette petite appellation reconnue parmi les premières de France, en 1936, bénéficie d'un microclimat exceptionnel et d'une belle fraîcheur grâce au mistral. Célèbre pour son blanc parfumé et complexe, elle confirme le joli couple formé par la marsanne rhodanienne et la clairette provençale, principaux cépages assemblés dans ses vins.

Côtes-de-provence
Entre Marseille et Nice, cette belle et vaste appellation (20 000 hectares sur 3 départements) est synonyme de soleil. Avec 320 jours d'ensoleillement par an et un mistral gagnant, les baies atteignent ici une maturité optimale que l'on ressent dans le verre. Un vrai vin sudiste qui se décline et s'apprécie dans les trois couleurs, rosé en tête !

Palette
Cette microscopique appellation, confidentielle mais très prestigieuse, couvre les petites collines cézaniennes de la Provence, aux portes d'Aix. Un vignoble historique également, prisé du roi René d'Anjou, dit le « roi vigneron », au XVe siècle, qui y introduisit le cépage muscat. Le mistral la caresse de son souffle, qui permet aux 25 cépages (!) autorisés de s'épanouir. Palette est un incontournable en trois couleurs, avec une mention spéciale pour ses blancs amples et gras, à dominante de clairette..

Mes vignerons chouchous

Les incontournables

DOMAINE HAUVETTE
Le travail méticuleux de la vigneronne Dominique Hauvette se retrouve dans des baux-de-provence très réputés, d'une grande finesse, qui reflètent véritablement l'expression du terroir !

DOMAINE TEMPIER
Un domaine de très haute renommée pour ses bandols rouges, dont les magnifiques cuvées Cabassaou, La Migoua et La Tourtine. Cultissime !

DOMAINE DE TERREBRUNE
L'un des domaines phare de l'appellation bandol, cultivé en bio depuis ses origines, qui se distingue par ses vins rouges frais et d'une finesse incomparable.

DOMAINE DE TREVALLON
Un domaine pionnier du bio, dès 1976 (!), dont les vins sont devenus iconiques pour leur raffinement et leur complexité. Des vins nés de parts quasi égales de cabernet-sauvignon et de syrah, qui auraient dû être classés en appellation baux-de-provence, mais le cabernet-sauvignon ne devant pas dépasser 25 % dans les assemblages, ils sont classés en IGP Alpilles.

CHÂTEAU DE PIBARNON
L'une des références en bandol, conduite de mains de maître par Éric de Saint-Victor. Un vignoble en bio non certifié sur un site magnifique en forme d'amphithéâtre qui domine la mer et des vins d'une grande finesse et de longue garde.

CHÂTEAU SIMONE
Un domaine fameux de l'appellation palette, propriété de la famille Rougier, réputé pour ses vins blancs et rouges de garde, élevés dans des caves souterraines. Incontournable.

Les bons plans

CHÂTEAU BARBEBELLE
Un des plus vieux domaines viticoles du pays aixois (plus de trois siècles), qui propose dans chacune des trois couleurs plusieurs gammes pour ravir tous vos moments : apéro, dîner, célébrations !

CHÂTEAU SAINT-ESPRIT
En plein cœur du Var vert, ce domaine 100 % familial s'active pour valoriser son microclimat idyllique non loin de Lorgues, sur ses 14 hectares en conversion bio. De beaux côtes-de-provence à découvrir dans les trois couleurs.

CHÂTEAU SAINTE-ROSELINE
Ce grand domaine familial situé à quelques kilomètres de Saint-Tropez, ancien vignoble des évêques de Fréjus, s'est imposé, avec sa bouteille iconique, comme l'un des meilleurs vins des côtes-de-provence, à tel point qu'il fait partie des crus classés !

DOMAINE DES DIABLES ET MADE IN PROVENCE
Une très belle référence en côtes-de-provence, notamment pour ses rosés Sainte-Victoire. Mais l'ensemble de la gamme est excellente, que ce soient les cuvées étiquetées Domaine des Diables ou Made in Provence, la société de négoce des Philip.

DOMAINE LA ROSE DES VENTS
Le talentueux œnologue Gilles Baude conduit ce domaine en bio avec son beau-frère Thierry Josselin. Une valeur sûre en coteaux-varois, notamment en blanc et en rosé, avec quelques cuvées en côtes-de-provence également.

À follow

DOMAINE LES TERRES PROMISES
Bienvenue sur les terres promises de Jean-Christophe Comor, dont le travail s'oriente vers une belle expression des cépages locaux, en coteaux-varois-en-provence.

DOMAINE VALLON DES GLAUGES
Une nouvelle impulsion est donnée par la famille Oddo, qui a perçu dans ce coin des Alpilles le potentiel pour réaliser de grands vins : une approche plus parcellaire, la conversion en bio et une volonté de plus travailler les rouges.

CLOS DE L'OURS
La famille Brotons œuvre au service de vins sincères en côtes-de-provence, véritables miroirs des terroirs du Var, travaillés ici en biodynamie avec passion et détermination !

La Corse

Ce petit vignoble (1% de la surface nationale) offre à la vigne un superbe terrain d'expression, à l'origine de vins (dans les trois couleurs) fortement identitaires portés par des cépages locaux, uniques en France, comme le niellucciu et le sciaccarellu.

L'avis de Margot

Ah, l'île de Beauté ! Elle ne fait pas rêver que par ses paysages et ses plages paradisiaques, mais aussi pour ses vins ! Le peu de fois où j'y suis allée, j'ai été épatée par le profil unique des vins ; des vins de caractère façonnés par la magie des terroirs de cette « montagne dans la mer », et surtout par des cépages autochtones. Mon chouchou ? Le niellucciu, plein de charme et de gourmandise, au top avec les fameuses charcuteries et fromages corses !

SURFACE VITICOLE
5 800 hectares

PRODUCTION
360 000 hectolitres

% PAR COULEUR
rosé 70 %, rouge 17 %, blanc sec 11 %, blanc doux 2 %

CÉPAGES ROUGES
niellucciu, sciaccarellu, grenache, cinsault, syrah, carignan, aleatico, barbarossa, minustellu, carcaghjolu neru

CÉPAGES BLANCS
vermentino (rolle ou malvoisie de Corse), bourboulenc, clairette, muscat à petits grains, biancu gentile, ugni blanc (ou rossola), codivarta

TYPES DE VINS
rosés, rouges, blancs secs, blancs doux

Mes Top cépages

Le muscat à petits grains
Originaire de Grèce, il est parfait pour la production du muscat-du-cap-corse, un VDN (voir p. 76) au top : robe d'or, nez puissant d'agrumes, de fruits confits et d'épices, bouche suave, sur le raisin frais.

Le niellucciu
Venu tout droit de Toscane, connu là-bas sous le nom de sangiovese, il est le cépage le plus planté en Corse (35 % de l'encépagement). Surtout présent dans la région de Patrimonio, il donne des rouges profonds, au fort tempérament.

Le sciaccarellu
Ce cépage emblématique, dont le nom signifie « croquant » et qui ne pousse que dans l'île, règne en maître à Ajaccio et à Sartène où il donne des rouges épicés, fins et élégants.

Mes appellations crush

Patrimonio
Au sein des somptueux paysages du nord de la Corse, entre montagne et collines, se trouve le vignoble de Patrimonio, qui offre des vins des trois couleurs. Ses sols argilo-calcaires sont une terre de prédilection du niellucciu et, en blanc, du vermentino, qui s'y épanouissent sur des coteaux ensoleillés.

Ajaccio
Les vins de la Cité impériale sont aussi canon que le paysage ! Ils se déclinent en rouges élégants, tout en finesse, persistants et veloutés ; en rosés d'été par excellence, tout en fraîcheur et générosité, et en blancs amples et fruités. Bref, le soleil se ressent aussi dans le verre et on adore !

Vin-de-corse Coteaux du Cap Corse
L'AOC vin-de-corse peut être complétée de dénominations : Coteaux du Cap Corse, Calvi, Figari, Porto-Vecchio et Sartène. Dans le Cap Corse naissent des rouges intenses, des rosés frais et des blancs fins et minéraux.

Vin-de-corse Sartène
Les beaux sols granitiques de Sartène, associés à un élevage des vins en barrique puis en foudre, donne des rouges étoffés et veloutés issus principalement de sciaccarellu, niellucciu et grenache, des rosés fruités et des blancs amples et frais nés à dominante de vermentino.

Mes Vignerons chouchous

Les incontournables

DOMAINE COMTE ABBATUCCI
Sur le terroir d'Ajaccio, ce domaine historique signe des vins atypiques nés de cépages locaux, dont certains refusés en AOC : d'où la production exclusive de Vins de France.

DOMAINE DE VACCELLI
Ce domaine d'élite au sud d'Ajaccio propose une splendide gamme de vins dont certains nés de vieilles vignes.

DOMAINE YVES LECCIA
L'un des piliers de l'appellation patrimonio en bio. En blanc comme en rouge, tout est délicieux !

Les bons plans

DOMAINE ORSINI
J'adore ce domaine incontournable de la baie de Calvi par la droiture et la fraîcheur de ses vins.

CLOS D'ALZETO
Réputé pour ses rouges de garde, ce domaine familial, proche du golfe de Sagone, est une valeur sûre !

DOMAINE COMTE PERALDI
Un vaste et ancien domaine sur le terroir d'Ajaccio, en plein virage bio : je valide !

À follow

MARIE-FRANCOISE DEVICHI
Sixième génération de l'une des plus anciennes familles vigneronnes de Corse, Marie-Françoise Devichi signe de splendides patrimonios dans le terroir exceptionnel de La Conca d'Oro.

DOMAINE MONDANGE
Un domaine de la côte orientale créé en 2018 à partir du vignoble familial par Andria Mondange et sa sœur Laura, qui signent des vins très précis.

Le Sud-Ouest

Vaste vignoble offrant une immense diversité de styles et de cépages que l'on ne trouve nulle part ailleurs, le Sud-Ouest ravira l'amateur curieux !

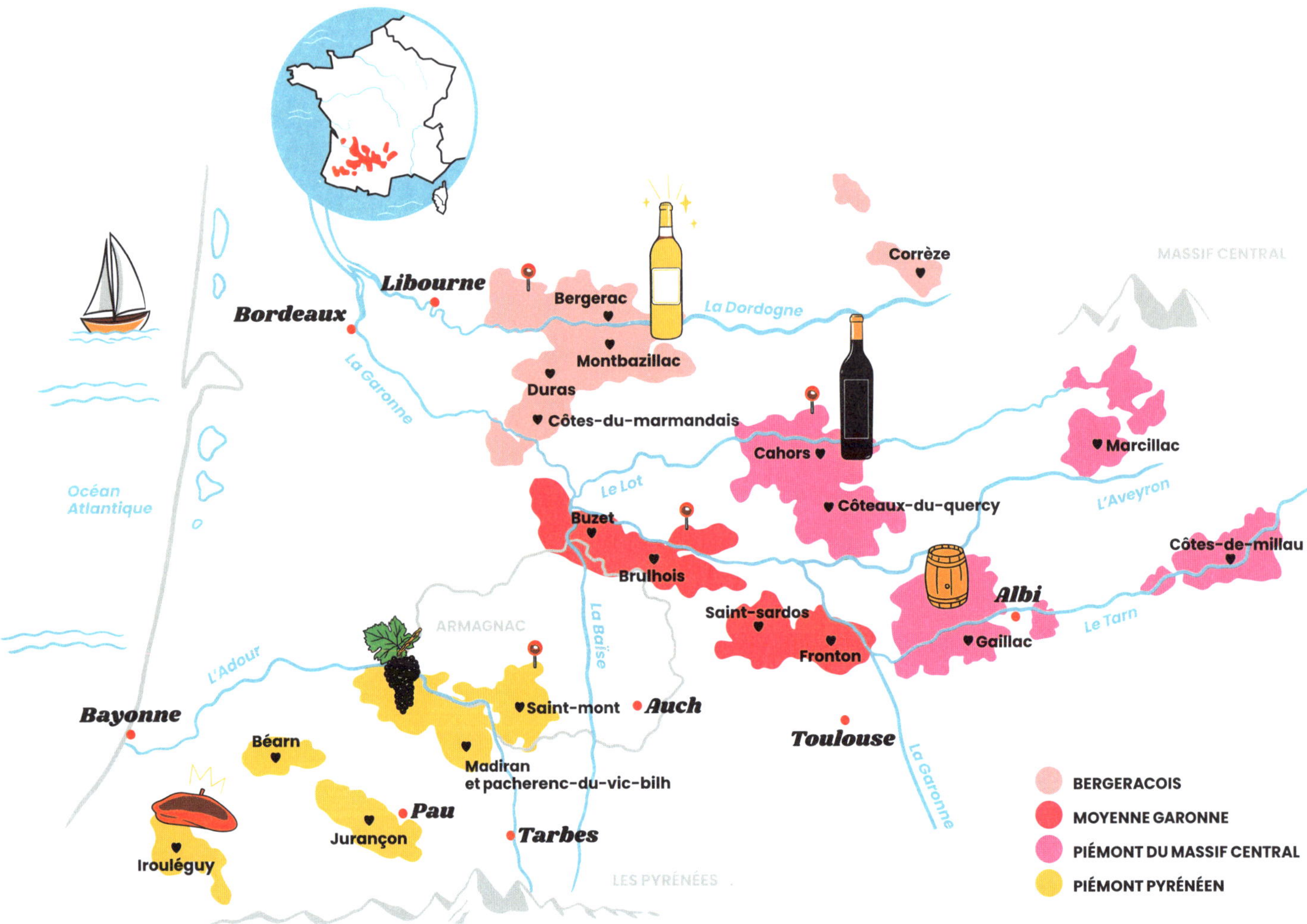

SURFACE VITICOLE

66 000 hectares

PRODUCTION

4,4 million d'hectolitres

% PAR COULEUR

rouge 60 %, blanc 25 %, rosé 15 % (AOC), blanc 65 %, rouges 20 %, 15 % rosés (IGP)

CÉPAGES ROUGES

merlot, malbec (cot ou auxerrois), cabernet-sauvignon, cabernet franc, tannat, fer-servadou (braucol, mansois ou pinenc), syrah, duras, négrette, abouriou, prunelard, camaralet, gamay

CÉPAGES BLANCS

sauvignon, sémillon, muscadelle, colombard, gros manseng, petit manseng, courbu, petit courbu, mauzac, chenin, l'en-de-lel (loin-de-l'œil), ondenc, baroque, raffiat

TYPES DE VINS

rouges, rosés, blancs secs, blancs doux, effervescents, vins de liqueur (floc-de-gascogne) naturels (rasteau), vins de paille (hermitage)

L'avis de Margot

Je connais encore trop peu cette région, mais dès que j'ai pu goûter ses vins et surtout échanger avec les vignerons, j'ai remarqué la singularité de ce vignoble. Les vins, souvent à prix doux, mettent en avant des cépages uniques et autochtones, les terroirs sont sublimes et variés entre l'influence de la mer et de la montagne, et les styles si délicieux ! Le Sud-Ouest est pour moi l'eldorado des connaisseurs ! Mention spéciale pour Cahors qui réalise un très beau travail de valorisation de ses terroirs.

Vinorama du Sud-Ouest

Le Bergeracois

Prolongeant les vignobles du Libournais, le Bergeracois partage le même climat et les mêmes cépages que son voisin bordelais : merlot (dominant), cabernet-sauvignon, cabernet franc et malbec en rouge, sauvignon, sémillon et muscadelle en blanc. On y trouve des blancs secs alertes (bergerac, montravel), des rouges souples (bergerac) ou plus charpentés (pécharmant, montravel, côtes-de-bergerac), des rosés (bergerac), des liquoreux et moelleux (monbazillac, saussignac, haut-montravel, côtes-de-bergerac, côtes-de-montravel, rosette). Pont entre le Bergeracois et la Moyenne Garonne, les côtes-de-duras (rouges, rosés, blancs secs et moelleux) affichent des profils proches de leurs voisins.

Le piémont du Massif central

Planté le long des méandres du Lot, le vignoble de Cahors met à l'honneur le cépage malbec, parfois complété par le merlot et/ou le tannat, qui donne un rouge au caractère bien trempé. Entre Cahors et Gaillac, les coteaux-du-quercy misent sur le cabernet franc. Le long du Tarn, l'appellation gaillac offre de nombreux styles de vins nés de terroirs et de cépages très variés : rouges, blancs secs et doux, effervescents en méthode traditionnelle ou en méthode ancestrale. Plus à l'est, on trouve les petits vignobles de l'Aveyron (entragues-le-fel, estaing, marcillac) et les côtes-de-millau.

La Moyenne Garonne

De Marmande à Fronton, s'égrènent des vignobles plantés sur les terrasses du Tarn et de la Garonne. Côté Bordeaux, si l'abourriou, les cépages… bordelais dominent dans les buzet et côtes-du-marmandais (rouges, rosés, blancs), avec le local abouriou de plus en plus mis en avant dans ces dernières. Le long de la Garonne, les brulhois (rouges et rosés) introduisent le tannat aux côtés des variétés bordelaises et les saint-sardos (rouges et rosés) associent la syrah au tannat. Côté Toulouse, fronton (rouges et rosés) met en avant, seule ou assemblée, la locale négrette et ses parfums de violette, de réglisse et d'épices.

Corrèze, la petite dernière

Née en 2017, cette petite AOC (75 hectares), ancienne IGP, se décline en rouge (cabernet franc, cabernet-sauvignon, merlot), en blanc sec (chenin) et en vin de paille né de raisins passerillés comme dans le Jura (voir p. 77).

Le piémont pyrénéen

Au sud de la Garonne, les vignobles gascons et basques se sont développés sur les routes des pèlerins de Saint-Jacques-de-Compostelle. Le Jurançon y produit de grands blancs secs et doux nés essentiellement des petits et gros mansengs, que l'on retrouve dans le pacherenc-du-vic bilh, lui aussi sec ou moelleux, le saint-mont ou l'irouléguy. Sur la même aire d'appellation que le pacherenc, le madiran « voit rouge » avec son cépage emblématique, le tannat, utilisé aussi en saint-mont, irouléguy, béarn et tursan. Ce dernier met également en avant le local baroque en blanc. À noter aussi, la vaste IGP Côtes de Gascogne qui fournit de gros volumes de blancs secs ou mœlleux, sans oublier le floc-de-gascogne, fameux vin de liqueur (voir. p. 77). Quelle richesse !

Mes Top cépages

Le petit et le gros manseng

Ces deux cépages tardifs sont 100 % pyrénéens et fiers de l'être. Le gros manseng, plus gros donc, est plus productif, plus résistant et très aromatique (agrumes, fruits blancs et jaunes). Son « petit frère » est lui plus fin, et c'est véritablement lui la star des vins moelleux de la région, du jurançon notamment, qui avec le développement de la pourriture noble donne de beaux arômes de fruits exotiques (ananas, fruit de la Passion) !

Le malbec

S'il fait la renommée de l'Argentine aujourd'hui, il ne faut pas oublier que ce cépage, connu aussi son le nom de côt ou d'auxerrois, provient du Sud-Ouest ! Il enfante des vins d'une intensité chromatique incomparable qui ne laisse pas les dents blanches bien longtemps ! Intense en couleur mais aussi au nez, il nous transporte avec ses notes épicées, de fruits séchés, de groseille noire ou encore de prune. Cahors en a fait son cépage emblématique.

Le tannat

Le cépage phare du madiran notamment, originaire des montagnes pyrénéennes, qui domine aussi dans l'irouléguy ou le saint-mont, très populaire également dans les vignobles argentins et uruguayens. Une très vieille variété rarement utilisée en cépage unique, qui se distingue par sa forte teneur en tanins : vieillissement hautement recommandé !

Mes appellations crush

Bergerac

Cette appellation historique, créée parmi les premières en 1936, propose des vins 100 % conviviaux dans les trois couleurs. On recommande les rouges sur une bonne côte de bœuf, les rosés avec une belle planche de charcut' et les blancs sur de beaux coquillages. Fais-toi plaisir !

Cahors

Appelés *black wines* par les Anglais au Moyen Âge pour leur couleur dense et sombre, ces vins connus dans le monde entier sont issus principalement du malbec, parfois complété par du merlot ou du tannat. On les aime pour leur corps charpenté, leurs beaux arômes de fruits rouges et noirs, mais surtout pour leur texture riche et veloutée !

Gaillac

Cette appellation du Tarn produit des vins issus de cépages locaux, aux noms énigmatiques tels le mauzac, l'ondenc, le len-de-l'el en blanc, le braucol (ou fer-servadou), le duras ou le prunelart en rouge, parfois associés aux cépages bordelais. Rouges, blancs secs et doux, rosés, effervescents et perlants..., cette AOC a tout pour te séduire !

Irouléguy

Dernier vestige du vignoble basque, les vins d'Irouléguy, dont les vignes sont plantées sur des coteaux bien escarpés, sont en plein buzz ! Déclinés dans les trois couleurs, on apprécie particulièrement les rouges pour leur puissance et leur structure, présageant un bon potentiel de garde qui peut atteindre 8-10 ans pour les meilleures cuvées !

Madiran

Issu de tannat et parfois jusqu'à 100 %, le madiran est un vin rouge intense, à la robe sombre et au nez puissant de framboise, de cacao, de moka, d'épices et de cuir. Nerveux et puissant, il convient d'attendre quelques années (parfois 20 ans !) avant de boire un madiran aux allures plus veloutées.

Marcillac

Au nord de Rodez, cette belle appellation aveyronnaise, historiquement liée à l'abbaye de Conques, dénote avec ses sols de couleur rouge appelés « rougiers », dus à la présence d'oxyde de fer. Son originalité ne s'arrête pas là ! Elle met elle aussi en valeur un cépage 100 % local : le fer-servadou, connu également sous le nom de mansois. Elle donne des vins rouges tanniques et aromatiques qui valent le détour !

Mes vignerons chouchous

Les incontournables

DOMAINE ARRETXEA
Domaine phare de l'appellation irouléguy, en rouge comme en blanc, il est aussi très engagé dans le respect de l'environnement et conduit son vignoble en bio et biodynamie. Je valide !

DOMAINE COSSE MAISONNEUVE
Ce domaine propose une large gamme de cahors : du vin de copain au vin d'exception et le tout en biodynamie. À découvrir absolument !

DOMAINE DU CROS
Le domaine phare de l'appellation marcillac. Philippe Teulier et son fils Julien produit avec le fer-servadou des rouges très typés, expressifs, intenses.

ELIAN DA ROS
Un vigneron très réputé des côtes-du-marmandais, qui s'est fait la main en Bourgogne et en Alsace, et signe des vins remarquables, rouges comme blancs, en bio et biodynamie.

CLOS LAPEYRE
Une référence du jurançon ! Certifié en agriculture biologique depuis 2005, le domaine s'étend sur 17 hectares et fait la part belle aux cépages du cru : le gros manseng et le petit manseng, qui donnent des vins de caractère parmi l'élite de l'appellation !

CHÂTEAU COMBEL LA SERRE
Un des trésors de Cahors ! Depuis 1998, Jean-Pierre Ilbert et son fils Julien signent de belles cuvées résolument modernes. Le charme opère à coup sûr avec des vins qui incarnent le renouveau et la délicatesse de Cahors.

Les bons plans

CLOS TROTELIGOTTE
Ça bouge à Cahors ! Ce domaine de génie, en biodynamie, élabore un travail parcellaire précis valorisant leur grand cépage, le malbec, avec des rouges tout en finesse et en nuances !

PLAIMONT
J'adore cette cave « coop », union de trois caves (PL pour Plaisance, AI pour Aignan et MONT pour Saint-Mont) qui propose une belle et large gamme de vins cohérente et accessible (saint-mont, madiran, pacherenc-du-vic-bilh et IGP Côtes de Gascogne), avec un engagement fort sur leurs terroirs et leurs cépages, le tout à prix doux !

CHÂTEAU MOULIN CARESSE
Cette très ancienne propriété familiale (1749), en conversion bio, est l'une des références en Bergeracois, notamment pour ses montravels d'une régularité sans faille.

DOMAINE PLAGEOLES
Au cœur de l'appellation gaillac, le domaine revendique des vins de terroir, élaborés avec des cépages autochtones et selon les principes respectueux du terroir et de cultures naturelles. Le résultat ? Des vins visant la pureté, la droiture et l'originalité. Je craque !

CHÂTEAU DU CÈDRE
Les frères Verhaeghe ont fait du Cèdre un monument de Cahors ! Avec leur terroir exceptionnel constitué des deux meilleurs types de sol de l'appellation, ils nous offrent des vins toujours très colorés, atteignant un niveau rare de qualité et de régularité.

À follow

DOMAINE CASTERA
Un beau travail du jurançon, sec comme doux, avec une démarche ultra-engagée : levures indigènes, peu de soufre et une labellisation bio obtenue en 2020. Ça bouge du côté de Castera, à suivre !

DOMAINE PLAGEOLES
Ce domaine ancien (1805) de Gaillac fait la part belle aux vins nature et a été à la pointe pour faire renaître les vieux cépages alors oubliés de la région (mauzac, ondenc, duras, braucol et prunelart). Si tu cherches de l'authenticité et aussi de l'originalité, cours-y !

VIGNOBLE LES VERDOTS
Le talentueux David Fourtout a fait des Verdots une valeur sûre du Bergeracois, avec des cuvées imparables en bergerac, côtes-de-bergerac et monbazillac, en rouge comme en blanc, en sec comme en doux. Il a passé la main en 2022 à un homme d'affaires islandais qui promet de garder la même ligne, et David continue de son côté sur un petit domaine jouxtant les Verdots. À suivre de très près...

CHÂTEAU DE CHAMBERT
C'est le plus grand vignoble bio de Cahors, avec plus de 65 hectares en biodynamie ! À sa tête, Philippe Lejeune, qui y produit des vins de terroir fins et élégants que je valide !

La vallée de la Loire

Depuis le Massif central jusqu'à l'Atlantique, en passant par le Centre-Loire, la Touraine et l'Anjou, ce vaste vignoble s'étire le long de la Loire, fleuve royal, offrant une belle diversité de vins et de cépages.

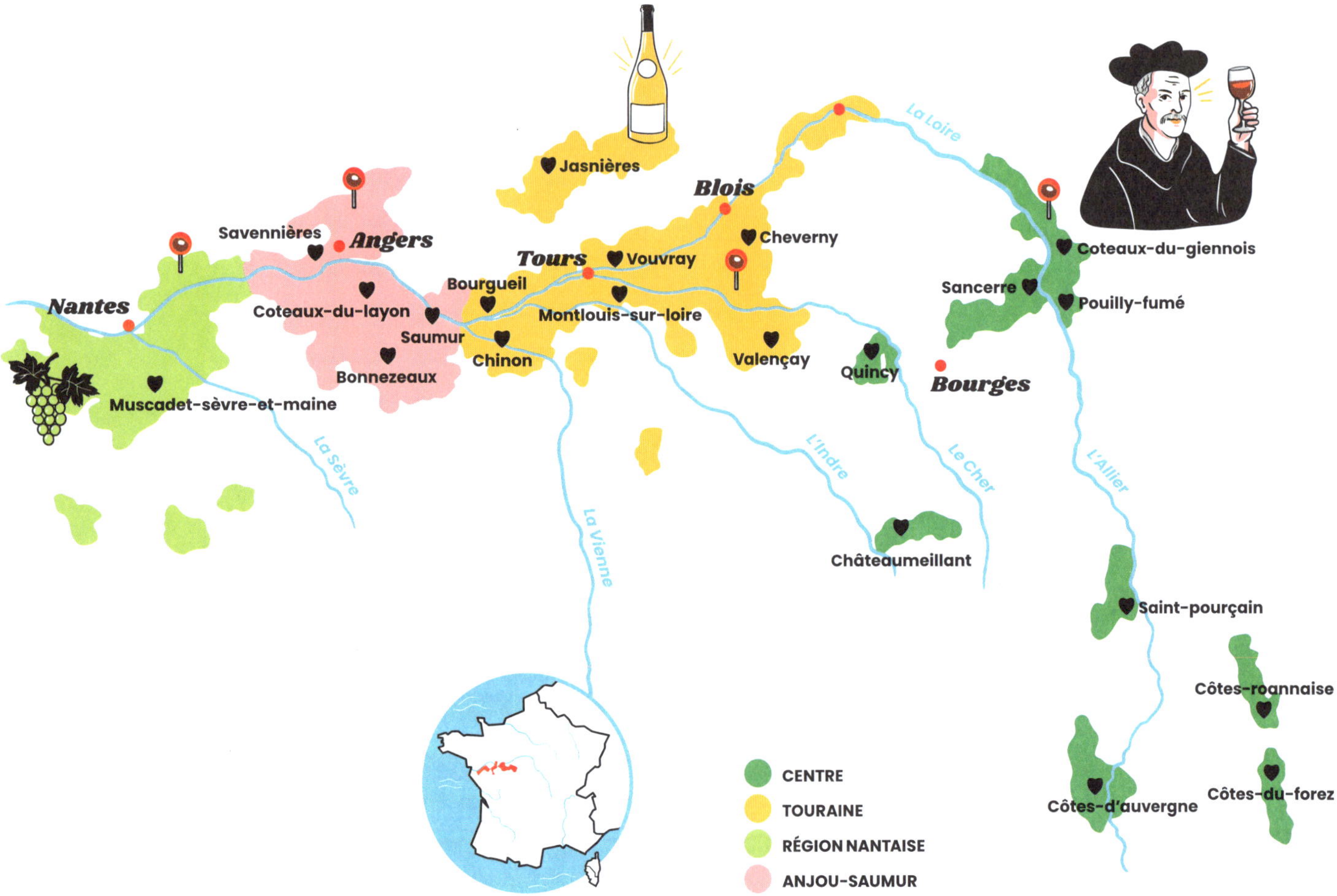

SURFACE VITICOLE
57 400 hectares

PRODUCTION
2,2 millions d'hectolitres

% PAR COULEUR
blanc 43 %, rosé 25 %, rouges 18 %, effervescents 15 %

CÉPAGES ROUGES
cabernet franc, gamay, pinot noir, grolleau, cabernet-sauvignon, côt (ou malbec), pineau d'Aunis, pinot meunier

CÉPAGES BLANCS
sauvignon, chenin, melon de Bourgogne, gros-plant (folle blanche), romorantin, chardonnay, pinot gris (malvoisie), tressallier

TYPES DE VINS
blancs secs, blancs demi-secs, blancs doux (moelleux et liquoreux), rouges, rosés, effervescents

l'avis de Margot

C'est l'un de mes vignobles préférés, qui affiche une belle dynamique depuis quelques années. Avec un prix du foncier encore intéressant, de nombreux vignerons s'y sont installés, apportant nouveautés et audaces. À cela s'ajoute aussi la nouvelle génération qui a pu reprendre les domaines familiaux et enclencher quelques petits changements. Tout cela a aussi un impact au niveau des vins : une recherche d'expressions plus affirmées des terroirs, plus de précision dans les vinifications, un engagement fort dans le bio et la biodynamie… Et un avantage sur d'autres régions : les prix encore tout doux !

Vinorama de la Vallée du la Loire

La région nantaise

C'est la patrie du melon de Bourgogne, cépage blanc qui se décline en plusieurs appellations : muscadet, muscadet-coteaux-de-la-loire et muscadet-côtes-de-grandlieu et surtout muscadet-sèvre-et-maine. Dans cette dernière, la plupart des vins sont élevés sur lies (voir p. 38), des blancs vifs, légers, fruités et iodés. Elle inclut aussi des « crus » (Gorges, Clisson, Pallet…) donnant des vins plus intenses et de garde. On trouve aussi les gros-plant-du-pays-nantais, des blancs bien nerveux nés de folle blanche, les fiefs vendéens (blancs, rouges et rosés) et les coteaux-d'ancenis, déclinés aussi dans les trois couleurs, dont des blancs moelleux nés de malvoisie (pinot gris).

Le succès des rosés d'Anjou

Les rosés représentent aujourd'hui la moitié de la production angevine et l'Anjou est la seconde région de France derrière la Provence, avec en tête le rosé-d'anjou, tendre, suave et fruité, né des cépages noirs locaux (grolleau, pineau d'Aunis, gamay, cabernets, côt), et le cabernet-d'anjou, demi-sec ou mœlleux issu des deux cabernets.

La Touraine

Le vignoble de cette région, également réputée pour ses nombreux châteaux, s'étend pour l'essentiel dans l'Indre-et-Loire et le Loir-et-Cher, empiétant sur la Sarthe, dans la vallée du Loir, jusqu'au Vendômois. Les vins y ont en commun fraîcheur et fruité. En rouge y prospèrent surtout le cabernet franc (chinon, bourgueil…), le gamay et le côt ; en blanc, le chenin (vouvray, montlouis…), le sauvignon et le chardonnay.

L'Anjou-Saumur

Ce vignoble s'étend pour l'essentiel sur la partie méridionale du Maine-et-Loire, avec à l'ouest, l'Anjou noir, ses terroirs sombres et schisteux, et l'Anjou blanc (Saumurois) à l'est, ses terres blanches issues du tuffeau. Si l'on y trouve de nombreux rouges (anjou-gamay, anjou-villages, anjou-villages-brissac), rosés (voir encadré) et blancs secs (savennières, savennières-roche-aux-moines…), l'Anjou doit sa réputation à ses blancs doux nés du chenin (bonnezeaux, quarts-de-chaume, coteaux-du-layon…) Côté Saumurois, les rouges (saumur, saumur-champigny) et les effervescents sont les plus estimés.

Le Centre

Par Centre, on entend le Centre-Loire et les petits vignobles plus dispersés du Massif central. Le premier est connu pour ses blancs de sauvignon toniques et expressifs (sancerre, pouilly-fumé, reuilly, quincy…), accompagnés par des rouges et rosés de pinot noir. Les seconds font la part belle aux rouges frais et pleins de fruit nés de gamay, cépage exclusif des côte-roannaise et côtes-du-forez, associé au pinot noir en saint-pourçain et côtes-d'auvergne.

Rabelais, l'enfant de Chinon

Né à la fin du XVe siècle à Seuilly, près de Chinon, Rabelais célèbre le culte de « la dive bouteille » et les vertus du breton (cabernet franc). Son célèbre Gargantua est dédié aux « buveurs très illustres », et la « cave paincte » de Chinon, où l'humaniste a « beu maints verres de vin frays », est aujourd'hui le siège de la confrérie des Bons Entonneurs rabelaisiens.

Mes Top cépages

Le sauvignon blanc

Avec son pep's légendaire, il défend à merveille la diversité des terroirs de la Loire, dans une version hyper aromatique, au top sur les fruits de mer ou un fromage de chèvre local, ou plus sophistiquée avec de longs élevages sur lies, et même parfois sous bois.

Le chenin

Fan de ce cépage « tout terrain » que l'on appelle aussi localement pineau de la Loire, cultivé depuis le VIe siècle, emblématique de l'Anjou mais aussi bien présent en Touraine, qui peut produire des grands blancs secs, demi-secs (dits « secs tendres » ici), moelleux, liquoreux et même des bulles !

Le cabernet franc

C'est toujours un bon plan pour des vins rouges fruités et hyper glouglou, où celui que l'on nomme aussi breton dans la région excelle notamment en chinon, bourgueil, saint-nicolas-de-bourgueil ou encore saumur-champigny.

Le côt

On le connaît surtout sous le nom de malbec dans le Sud-Ouest, mais il est aussi bien présent en Touraine, donnant des vins super gourmands, au caractère fruité et épicé ! Humm !

Mes appellations crush

Touraine

Cette vaste appellation bénie des rois s'étend sur 5 000 hectares entre la Sologne et l'Anjou. La vigne, dominée par le gamay en rouge et le sauvignon en blanc, couvre généreusement de larges vallées, parfois en coteaux, qui font de la région une des plus propices aux commerces et à sa renommée depuis le XVe siècle.

Valençay

Aux confins du Val-de-Loire, le vignoble de Valençay et ses coteaux entourés de forêts abritent les cépages pinot noir et gamay (60 % de l'encépagement) pour des rouges (et rosés) souples et légers. Un écrin également propice à la production de blancs nés du sauvignon blanc et du chardonnay, marqués par des arômes vifs et frais de pierre à fusil, signature de ce terroir.

Sancerre

Sur la rive gauche de la Loire, autour du fameux « piton » de Sancerre, ce vignoble est l'un des plus anciens de France. Avant la crise du phylloxéra, il était célèbre pour ses vins de pinot noir, les préférés des ducs de Berry. Aujourd'hui, le sauvignon blanc y est dominant et donne parmi les plus beaux blancs secs de la région.

Côte-roannaise

Planté sur des coteaux granitiques au cœur du Massif central, le gamay donne ici des vins rouges légers, parfumés, bien frais, parfois plus puissants et corsés si nés de vieilles vignes et de cuvaisons longues, ainsi que quelques rosés nerveux et fruités.

Savennières

Travaillées depuis l'époque romaine, les vignes de chenin sont plantées sur des coteaux perpendiculaires à la Loire, parfaitement exposés et bénéficiant de l'influence directe du fleuve. Elles sont à l'origine d'un vin blanc complexe et minéral, qui donne le meilleur de lui-même après quelques années (jusqu'à 10 ans) en cave !

Coteaux-du-giennois

Dans le prolongement des appellations sancerre et pouilly-fumé, le vignoble des coteaux-du-giennois et ses beaux coteaux accueillent les cépages stars de Loire. Le sauvignon compose des blancs frais et fins aux arômes de fruits exotiques, tandis que les rouges et les rosés nés de gamay et de pinot noir exhalent des parfums de fruits rouges et parfois de poivre.

Mes vignerons chouchous

Les incontournables

CLOS DE LA COULÉ DE SERRANT

Ce clos de 7 hectares est l'une des rares appellations françaises (savennières-coulée-de-serrant) en monopole, appartenant à un seul et unique propriétaire. Un domaine créé par les Cisterciens en 1130, adulé par les rois Louis XI et Louis XIV et aujourd'hui détenue par Nicolas Joly, « pape » français de la biodynamie, et sa fille Virginie. Né de vieux ceps de chenin récoltés en surmaturité, dont certains âgés de plus de 80 ans, le vin est un blanc hors du commun, d'une complexité et d'une minéralité étonnantes.

CLOS ROUGEARD

Ce grand nom de l'Anjou, dont les origines remontent au XVIIe siècle, est un pionnier de la biodynamie, longtemps magnifié par les frères Nady et Charly Foucault, racheté par les frères Bouygues après le décès du second. Aux produits chimiques, les Foucault ont toujours dit non ! Finesse, profondeur, précision sont les maîtres mots de leurs trois saumur-champigny hors catégorie et de leur saumur blanc. Le *must to try* !

DOMAINE DIDIER DAGUENEAU

Un domaine d'exception qui magnifie le sancerre blanc et le cépage sauvignon blanc. À la suite de son génial père Didier, Louis-Benjamin a pris la suite avec autant de talent en 2008 et signe des blancs d'une rare pureté, la cuvée Silex en tête, qui valorise les beaux sols argileux du domaine. Cultissime !

Les bons plans

DOMAINE YANNICK AMIRAULT

Amateur de rouges de Loire, cette excellente adresse est pour toi ! Réparti sur les appellations bourgueil et saint-nicolas-de-bourgueil, ce domaine, conduit en bio, s'attache à révéler ses terroirs à travers des vins soyeux et fruités.

DOMAINE CATHERINE ET PIERRE BRETON

Ce domaine offre une très belle gamme de vins naturels, bio et biodynamiques, d'un bon rapport qualité/prix, en rouge, en blanc et en effervescents (du bourgueil, surtout, du chinon et du vouvray). Une rareté : leur cuvée « franc de pied » de cabernet franc (sans porte-greffe américain comme avant le phylloxéra). On recommande chaudement pour les « épicurieux » !

DOMAINE GROSBOIS

Un beau domaine familial en bio et biodynamie qui décline le cabernet franc à merveille en appellation chinon. On conseille notamment la cuvée La cuisine de ma mère, qui accompagnera vos meilleurs apéros !

À follow

DOMAINE BELARGUS

Du nom du papillon qui peuple ses vignes, ce domaine produit en biodynamie de splendides blancs secs et liquoreux dont on se délecte, en appellations anjou, savennières, coteaux-du-layon et quarts-de-chaume.

ALEXANDRE BAIN

Alexandre Bain conduit son vignoble en biodynamie et produit des vins naturels qui expriment toute leur générosité en bouche. Méga stars de l'AOC pouilly-fumé, ses vins ont été « déclassés » en Vins de France, car n'entrant pas dans les standards de l'appellation ! Mais peu importe l'étiquette !

DOMAINE SÉROL

Incontournables de l'AOC côte-roannaise, Carine et Stéphane Sérol mettent en avant le gamay qu'ils cultivent, en bio et biodynamie, sur de beaux terroirs de sable et de granite en altitude. Ils en tirent des rouges floraux et délicatement fumés à découvrir sans attendre.

DOMAINE DES POTHIERS

Une référence en côte-roannaise, qui produit sur des sols sableux d'origine granitique de beaux rouges modernes et dynamiques issu du cépage 100 % local, le gamay Saint-Romain !

La vallée du Rhône

De Vienne à Nîmes, ce vaste et ancien vignoble offre, entre le Nord et le Sud, deux visages, avec le Rhône pour trait d'union et les vins rouges comme type dominant.

SURFACE VITICOLE
5 400 hectares (Nord),
225 000 hectares (Sud)

PRODUCTION
230 000 hectolitres (Nord),
900 000 hectolitres (Sud)

% PAR COULEUR
Nord : rouge 80 %, blanc 20 % ;
Sud : rouge 60 %, rosé 60 %, blanc 10 %

CÉPAGES ROUGES
Nord : syrah
Sud : grenache noir, syrah, mourvèdre, cinsault (principaux), vaccarèse, counoise, muscardin…

CÉPAGES BLANCS
Nord : marsanne, roussanne, viognier
Sud : grenache blanc, clairette, viognier, marsanne, roussanne, bourboulenc…

TYPES DE VINS
rouges, blancs secs, rosés, effervescents (clairette-de-die, crémant-de-die, saint-péray), vins doux naturels (rasteau), vin de paille (hermitage)

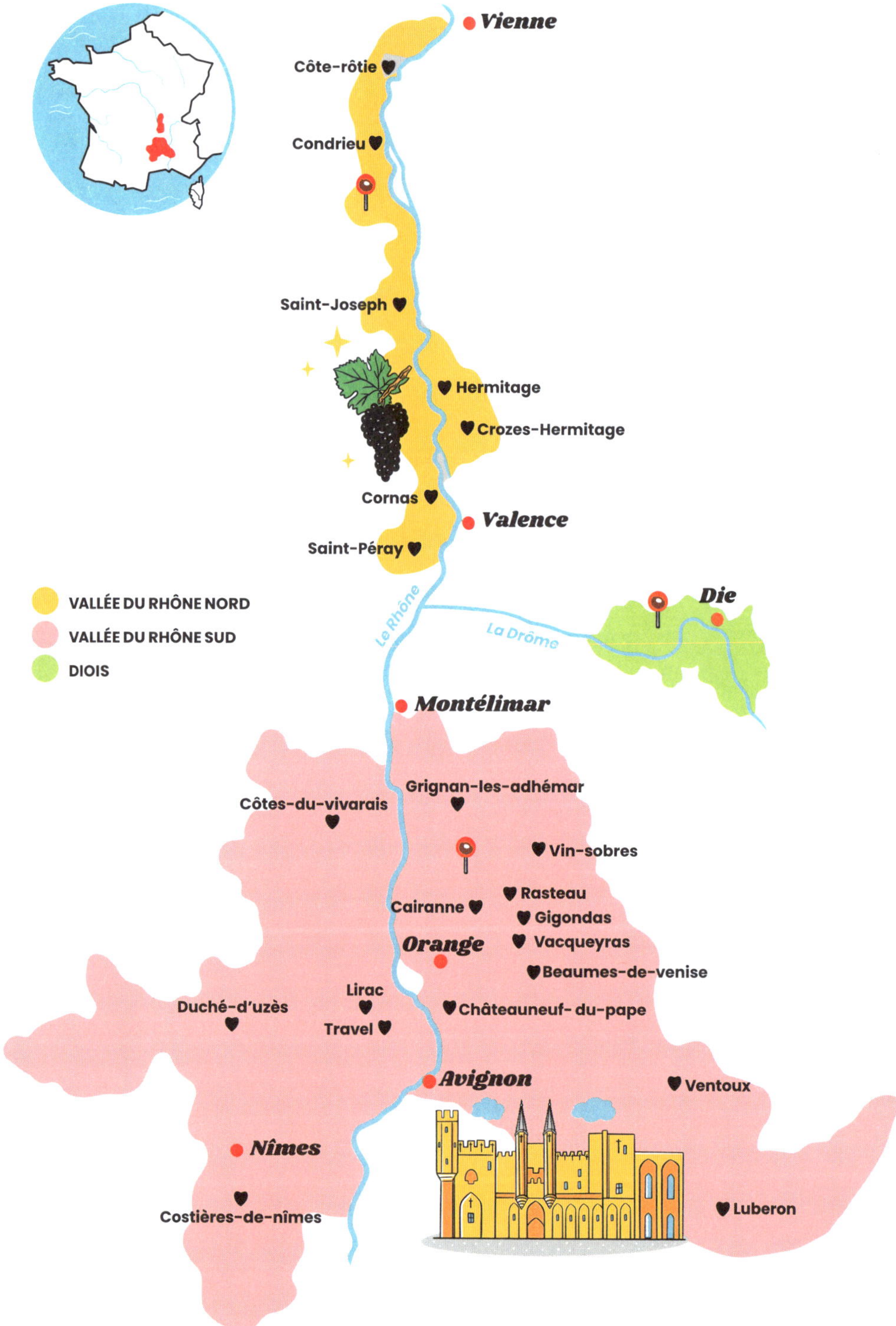

L'avis de Margot

J'adore les vins du nord de la vallée du Rhône, l'une des rares régions de France où l'on trouve satisfaction pour tous types de budgets. Tu as autour de 10 € ? Regarde du côté de crozes-hermitage ou saint-péray et tu trouveras de superbes vins au rapport qualité/prix imbattable ! Tu recherches une appellation prestigieuse ? Tu as l'embarras du choix : côte-rôtie, cornas, hermitage, condrieu.
Et puis, je suis une amoureuse de la syrah, de sa capacité à se métamorphoser selon son terroir et avec le temps : des airs de fille coquette un brin tenace dans sa prime jeunesse, plus complexe et profonde avec l'âge.
Dès que l'on passe Montélimar, le soleil se fait plus intense, les sols plus arides, le vent plus puissant : bienvenue dans le Sud ! Un eldorado pour les vignerons comme pour les amateurs, avec des appellations qui bougent et à des prix doux : lirac, rasteau, vacqueyras, côtes-du-rhône-villages (gros *crush* pour les Plan de Dieu), sans oublier châteauneuf-du-pape, fameux en rouge mais à tester absolument en blanc !
Bref, la vallée du Rhône est une grande terre de vins incontournables et mythiques, plus populaires et accessibles !

Vinorama de la vallée du Rhône

La vallée du Rhône septentrionale

La vallée septentrionale, entre Vienne et Valence, étend son petit vignoble (par la taille) sur des coteaux escarpés, parfois spectaculaires, surplombant le Rhône, aménagés en terrasses soutenues par des murets appelés « cheys ». C'est le royaume de la syrah et de ses rouges intenses mais toujours frais et parfumés, parfois souples et fruités (crozes-hermitage, saint-joseph) ou plus tanniques (côte-rôtie, cornas, hermitage). On y trouve aussi de fameux blancs comme les très réputés hermitage et condrieu.

Le Diois

En descendant vers le sud, un peu à l'écart, on trouve la petite région du Diois, propice surtout aux cépages blancs par sa fraîcheur, à l'origine de vins tranquilles et d'effervescents avec la clairette-de-die, en méthode ancestrale (voir p. 76) ou traditionnelle, et le crémant-de-die. On y trouve aussi de rares rouges et rosés.

La vallée du Rhône méridionale

Au sud de Montélimar, et jusqu'à Nîmes, débute le vaste vignoble en terrasses ouvertes et ensoleillées de la vallée méridionale, patrie du grenache noir, souvent assemblé à d'autres cépages (syrah, mourvèdre…), pour donner des vins rouges solaires, chaleureux, charnus, dont la quintessence est représentée par le châteauneuf-du-pape. On trouve aussi ici des rosés ronds et épicés, avec pour modèle l'appellation historique tavel dédiée à cette seule couleur. Les blancs, plus rares, s'y révèlent aussi souvent gras et généreux. C'est aussi dans cette zone que l'on trouve l'immense majorité des appellations « régionales » côtes-du-rhône (seconde appellation de France en superficie après l'AOC bordeaux) et côtes-du-rhône-villages.

Enfin, plus éloignées du fleuve mais rattachées à la zone sud, on trouve les appellations dites « satellites » : luberon, ventoux, pierrevert, grignan-les-adhémar sur la rive gauche, costières-de-nîmes, duché-d'uzès, côtes-du-vivarais, clairette-de-bellegarde sur la rive droite.

Les papes d'Avignon

Après la chute de l'Empire romain, la viticulture locale souffre de manque de débouchés. La renaissance va venir des ordres monastiques et surtout des papes eux-mêmes, qui s'installent au XIVe siècle en Avignon. C'est ainsi Jean XXII qui fera planter le vignoble de châteauneuf-du-pape.

Mes Top cépages

Le viognier
Ce cépage blanc, présent surtout au nord de la vallée, se distingue surtout par la complexité de ses arômes. Dans le verre, on retrouve un vin très parfumé (fruits jaunes, fleurs fraîches, musc, épices, fruits secs), extraordinairement gras, souple, pour ne pas dire onctueux !

La syrah
Le roi du nord de la vallée, même s'il est très présent dans le sud, et mon cépage chouchou, depuis toujours ! La syrah donne des vins aussi fins qu'intenses, frais, épicés et délicieusement parfumés de notes de violette. Avec le temps, les arômes évoluent vers des notes plus complexes de truffe, de cuir, de poivre, de réglisse… Effet waouh assuré !

Le grenache blanc
Dans le sud de la Vallée, ce cépage marginal (seulement 6 % du vignoble) donne des blancs ronds et corsés. Il est au sommet associé à des cépages plus vifs comme la clairette. J'adore le déguster à l'apéro ou accompagné de poisson, d'une belle viande blanche à la crème ou d'un fromage à pâte cuite.

Le grenache noir
Le Rhône méridional est une terre aux multiples cépages : le *king*, c'est le grenache noir, qui incarne à merveille toute la gourmandise et la générosité des vins de la région ! Originaire d'Espagne, ses notes de cassis, de mûre et d'épices se fondent à ravir avec des viandes rouges comme le bœuf ou le sanglier.

Mes appellations crush du Nord

Côte-rôtie
C'est l'appellation la plus au nord de la vallée du Rhône. Elle tire sa nature de l'extrême verticalité des coteaux de l'appellation, parfois inclinés à plus de 60 degrés ! La syrah, parfois associée au viognier (20 % max.), offre des vins d'une très grande délicatesse aromatique, doté de tanins d'une finesse remarquable.

Hermitage
Un cru mythique ! Les rouges sont puissants, charnus, vigoureux et acquièrent une belle rondeur et une grande souplesse en prenant de l'âge. Les blancs développent des arômes crémeux de miel, de noisette, de pêche et d'abricot. Une appellation pour les gourmands, mais à prix sérieux !

Condrieu
Référence mondiale (surtout aux États-Unis), le condrieu dévoile des notes florales de violette et fruitées de mangue, de pêche blanche et d'abricot caractéristiques du viognier, seul à bord ici. À déguster avec des noix de Saint-Jacques pour mettre tout le monde d'accord !

Saint-péray
Avec son terroir multiple, son climat exceptionnel, son relief racé et tourmenté, cette appellation propose des vins blancs au caractère unique ! Son originalité ? 15 % des vins produits par l'appellation sont effervescents, en méthode traditionnelle.

Crozes-hermitage
Déployée sur 11 communes, la prestigieuse appellation a conquis tous les amateurs ! Les rouges affichent un bel équilibre entre le fruit et les tanins. Les blancs issus de marsanne et de roussanne, secs et équilibrés, dévoilent de belles notes florales et de fruits secs.

Mes appelations crush du sud

Beaumes-de-venise
Aux abords des célèbres Dentelles de Montmirail, l'appellation dévoile des vins 100 % rouges aux notes de fruits, de réglisse et d'épices. Canon avec un parmentier de queue de bœuf typique de la région ! Miam !

Vacqueyras
L'appellation se décline en trois couleurs avec des vins puissants, au caractère affirmé, mais qui se distinguent toujours par leur fraîcheur et leur finesse. Et niveau *food* ? Pour les cuisiniers du dimanche (comme moi), on poêle quelques pommes de terre, on grille un bon morceau de bœuf et le tour est joué.

Côtes-du-rhônes villages
Parmi les 21 villages qui constituent l'appellation, le Plan de Dieu est clairement mon préféré ! Ses vins rouges élaborés à partir de grenache, syrah et mourvèdre donnent des vins brillants et colorés, denses et concentrés ; je valide et re-valide !

Gigondas
À Gigondas, les sols de calcaire gris de son site naturel et protégé subliment les rouges, généreux, aux arômes de fruits kirschés, comme les rosés, chatoyants et complexes, aux notes de fruits rouges, d'amande et d'épices. Une appellation pépite !

Luberon
Sur la rive gauche du Rhône, l'aire géographique de l'appellation correspond aux limites naturelles du massif du Luberon. Une région provençale par sa culture, son climat méditerranéen et ses vins rosés, mais où les influences alpines donnent des vins plus frais que le reste de la vallée méridionale.

Châteauneuf-du-pape
Mondialement connue et reconnue, elle produit des vins rouges et blancs prestigieux, de grande qualité ! Les 13 cépages autorisés offrent des cuvées uniques pour tous les goûts !

Lirac
L'appellation qui fait chavirer le cœur des amateurs ! Le lirac - qui existe dans les trois couleurs - est puissant, structuré et aromatique, mais toujours frais et élégant. Irrésistible avec des aiguillettes de canard au miel !

Rasteau
Le grenache noir est le cépage roi de cette appellation et donne lieu à des vins intenses, fins et complexes, aux notes de fruits noirs, de violette et d'épices. Également connu pour sa production de vin doux naturel (voir p. 76), il est le meilleur ami des terrines de campagne en rouge sec et des desserts au chocolat en mode VDN !

Tavel
Une appellation hyper *girly* qui ne produit que des rosés ! Attention, pas des rosés légers, mais complexes, charnus, denses et très aromatiques, parfaits pour accompagner un repas, de l'entrée jusqu'au dessert !

Mes vignerons chouchous du Nord

Les incontournables

CHAPOUTIER
Sans conteste l'un des grands noms du Rhône, à la réputation internationale, qui produit, de ses propres vignes (350 hectares en biodynamie) ou d'achats de raisins (négoce), une vaste gamme de vins, parmi les plus prestigieux. Canon !

JEAN-LOUIS CHAVE
Une référence dans la région : les Chave cultivaient déjà la vigne au XVe siècle ! Les vins, aussi fins qu'intenses, de très longue garde, expriment toute la richesse du terroir de la colline de l'Hermitage, le tout dans une approche bio mais sans certification. Jean-Louis Chave est un orfèvre !

BERNARD GRIPA
Valeur sûre de la vallée du Rhône septentrionale, tant pour ses saint-péray que pour ses saint-joseph, le domaine est conduit depuis 2001 par Fabrice Gripa, fils de Bernard, aujourd'hui à la tête de 18 hectares de vignes.

DOMAINE JAMET
Une valeur sûre indétrônable, dirigée de mains de maître par Corinne et Jean-Paul Jamet et leurs fils Loïc, qui signent parmi les plus beaux flacons de côte-rôtie, mais aussi en côtes-du-rhône et en IGP Collines rhodaniennes. Le travail de la vigne en parcellaire offre des syrahs d'une finesse exceptionnelle !

STÉPHANE OGIER
Un des grands vignerons du Rhône Nord ! Stéphane Ogier a su valoriser au mieux la complexité et la finesse de l'appellation côte-rôtie, avec une approche ultra parcellaire. Même les plus « petits » vins sont délicieux !

ANDRÉ PERRET
André Perret a succédé à son père en 1985 à la tête d'une petite vigne de 1,5 hectare, à l'époque où Georges Vernay et quelques autres faisaient renaître le condrieu. Il s'impose comme l'un des grands élaborateurs de vins blancs de la vallée du Rhône, condrieu en tête.

DOMAINE PAUL JABOULET AÎNÉ
Tenue par la talentueuse œnologue Caroline Frey (aussi propriétaire du Château La Lagune, cru classé du Médoc), Paul Jaboulet Aîné fait partie des domaines stars du Rhône, avec un soin particulier apporté à la vigne, toute en bio, pour des vins élégants, précis et intenses !

DOMAINE GEORGES VERNAY
Ce domaine mythique est à l'origine du renouveau de l'appellation condrieu et du cépage viognier. Propriété familiale depuis trois générations, il se place parmi les meilleurs vins du monde, 100 % bio !

Les bons plans

CAVE DE TAIN
Une vénérable cave coopérative fondée en 1933, méga dynamique, qui travaille vraiment bien sur ses entrées de gamme comme sur ses grands vins. Incontournable et à prix doux !

LAURENT COMBIER
L'un des vignerons les plus brillants de la vallée du Rhône, réputé notamment pour ses crozes-hermitage. Avec son vignoble bio, il optimise les petits rendements pour se consacrer pleinement à la qualité. Le résultat ? Les vins font parler d'eux et deviennent rapidement difficiles à trouver.

PIERRE-JEAN VILLA
Respect de la vigne et interventions minimes du vigneron, Pierre-Jean Villa n'utilise que des levures indigènes et travaille selon le calendrier lunaire. Saint-joseph, condrieu, côte-rôtie et IGP Collines rhodaniennes, tous les vins sont élaborés avec passion et précision. J'adore !

À follow

DOMAINE BOTT
Un domaine jeune et dynamique, à suivre de près ! Avec leur 6,5 hectares, Julie et Graeme Bott signent des cuvées d'une très belle pureté de fruit, tout en équilibre.

PIERRE ET JÉRÔME COURSODON
Un domaine d'une grande régularité qui propose sans doute parmi les meilleurs saint-joseph, en rouges comme en blancs ! Une référence à *follow* au plus vite !

DOMAINE DES LISES
Fils du grand Alain Graillot, disparu en 2022 – et dont il a pris la succession avec son frère Antoine sur le domaine familial, chaudement recommandé aussi –, Maxime Graillot s'est fait une place au sein de l'appellation crozes-hermitage avec son propre vignoble de 6 hectares qu'il convertit à une viticulture organique. Ses cuvées juteuses et tout en finesse, d'une intensité aromatique que j'adore, donnent un coup de vent frais à l'appellation, comme son père avant lui !

💗 Mes vignerons chouchous du sud

Les incontournables

DOMAINE DE LA JANASSE
Un des emblèmes de la vallée du Rhône méridionale, qui s'étend sur une véritable mosaïque de terroirs. Le résultat ? Des vins amples et soyeux, d'une grande de finesse, en châteauneuf comme en « simple » côtes-du-rhône : je suis fan !

CHÂTEAU LA NERTHE
Un pilier de l'appellation châteauneuf-du-pape avec des vins offrant une très belle trame, équilibrée, profonde et une finale de dingue ! Je suis conquise !

DOMAINE LE SANG DES CAILLOUX
Ce domaine fait partie de l'élite de la région ! Serge et Frédéric Férigoule travaillent leurs 17 hectares en biodynamie pour des cuvées parfaitement structurées et d'une grande richesse.

CHÂTEAU RAYAS
L'un des meilleurs vins au monde, produit en quantité ultra limitée. Emmanuel Reynaud offre des vins d'une superbe intensité, purs, droits, mais aussi d'une grande douceur. Cultissime : le rêve de tout amateur !

DOMAINE DE BEAUCASTEL
Propriété de la famille Perrin depuis 1909, c'est un monument incontournable de l'appellation châteauneuf-du-pape ! Sa recette pour des vins d'une immense qualité, puissants et profonds ? Savoir-faire bien sûr, travail en biodynamie et assemblages rares (l'un des seuls domaines de Châteauneuf à avoir planté les 13 cépages autorisés, avec une part importante de mourvèdre), tout simplement !

DOMAINE DU VIEUX TÉLÉGRAPHE
Propriété de la famille Brunier, ce grand nom de la vallée du Rhône ne produit que cinq cuvées de châteauneuf-du-pape, en rouge et blanc, très raffinées, complétées par du gigondas, du ventoux et de l'IGP Vaucluse. La qualité plutôt que la quantité : je valide !

Les bons plans

MAS LAURIS
Un de mes domaines favoris du Lubéron ! Des vins rouges, blancs et rosés certifiés bio qui allient finesse, élégance et complexité : j'adore !

DOMAINE DES PÈRES DE L'ÉGLISE
Ce domaine familial depuis six générations, aujourd'hui géré par Laetitia et son oncle Serge, propose des châteauneuf-du-pape puissants et intenses.

MARCEL RICHAUD
Le talentueux Marcel Richaud, pilier de l'appellation cairanne (voisine de Rasteau), propose des vins 100 % bio dont toute la gamme atteint un niveau remarquable et séduit immédiatement. À tester au plus vite !

DOMAINE DE LA BISCARELLE
Le domaine – repris depuis 2009 par Jérôme Griéco et sa femme Christelle – possède 22 hectares de vignes, dont 5 sur le nord de l'appellation châteauneuf-du-pape, avec des vins au rapport qualité/prix imbattable !

DAUVERGNE RANVIER
Ce duo de créateurs de vins hors cadre est devenu un des grands noms du Rhône. Ces deux négociants d'un nouveau genre signent des vins issus de sélections parcellaires d'une qualité très régulière.

À follow

DOMAINE MONTIRIUS
Un domaine familial emblématique du vacqueyras et du gigondas, pionnier dans la biodynamie. Christine et Éric Saurel élaborent des vins d'une pureté et d'une fraîcheur inégalables. À suivre de (très) près !

CHÂTEAU VAL JOANIS
En plein cœur du Luberon, ce vaste domaine de 180 hectares a longtemps porté les armoiries de Jean de Joanis, secrétaire du roi Louis III de Naples. Racheté en 1977 par Jean-Louis Chancel, il appartient aujourd'hui à Léonard Roozen. Les vins sont aussi canon que le jardin !

DOMAINE DE CRISTIA
Conduit en agriculture biologique depuis 2008, ce domaine s'étend sur 58 hectares en châteauneuf-du-pape, côtes-du-rhône, côtes-du-rhône-villages et en IGP, pour des cuvées toutes aussi canons les unes que les autres !

DOMAINE MIRAMONT
Ma dernière pépite de la région ! Le domaine exploite 13 hectares de vignes, dont 10 en appellation vacqueyras certifiés biodynamiques, et offre des vins d'un bel équilibre entre finesse des tanins et trame aromatique complexe. *I love it* !

Imprint LA MAISON HACHETTE PRATIQUE
58, rue Jean Bleuzen - 92178 Vanves Cedex
www.hachette-pratique.com

Direction Hachette Pratique : Catherine Saunier-Talec
Responsable éditorial : Stéphane Rosa
Suivi éditorial : Élise Ducamp
Responsable artistique : Cécilia Rehbinder
Conception & création graphique : Gilles Allizond (@galligarcy)
Illustrations : Virginie Cochet (@virginiecochet)
Relecture : Marie-Gabrielle Houriez
Photographies : Droits réservés
Fabrication : Amélie Latsch
Responsable communication : Johanna Rodrigue
Responsable partenariats : Dana Lichiardopol
(dlichiardopol@hachette-livre.fr)

Dépôt légal : août 2022
19-8613-6/01
ISBN : 978-2-01-946341-0
Achevé d'imprimer en France par Pollina en juillet 2022-43216.

L'éditeur utilise des papiers composés de fibres naturelles, renouvelables, recyclables et fabriquées à partir de bois issus de forêts qui adoptent un système d'aménagement durable. L'éditeur attend également de ses fournisseurs de papier qu'ils s'inscrivent dans une démarche de certification environnementale reconnue.

PAPIER À BASE DE FIBRES CERTIFIÉES

hachette PRATIQUE s'engage pour l'environnement en réduisant l'empreinte carbone de ses livres. Celle de cet exemplaire est de :
1,503 kg éq. CO_2
Rendez-vous sur www.hachette-durable.fr